大是文化

猶太人的說服藝術

The Jewish Persuasion

跟猶太人學說話，
錢會順理成章流進你的口袋

亞馬遜暢銷作家、
570 家企業認證的說服力博士
亞尼夫・柴德 博士——著
Dr. Yaniv Zaid
廖桓偉——譯

CONTENTS

CONTENTS

推薦序一

銷售就要說服，說服就能銷售！

亞洲第一激勵達人／鄭匡宇

非常高興看到《猶太人的說服藝術》這本書的問世。

身為專業主持人，我常替新創企業的論壇擔任活動主持。在這些活動上，新創公司的負責人或研發長，必須在很短的時間內進行Pitch（簡報），銷售自己的創業理念、產品服務與商業模式，以贏得臺下評審的認同，進而獲得政府或民間企業提供的創業資金與資源。

但很可惜的是，我認為九〇%的新創企業負責人，都沒有把這個難得的自我推銷，與說服潛在投資人的工作做到位。有人說了老半天依然沒切入重點、有人用了太多專業與艱深的詞彙，更有人把一個超棒的創意說得平淡無奇……。

這些表現，都是因為沒有好好向猶太人學習他們的說服藝術。希望有志之士能趕快入手這本書，好好強化自己的臺上說服力！

一翻開這本書，我立刻折服於猶太人的務實與誠實。作者亞尼夫・柴德博士開宗明義的告訴大家幾個關於銷售的重點，我先在此列舉兩個：

1. 在解答出現之前，先銷售問題。
2. 掌握人生最重要的三件事，什麼生意都能做。

關於第一點，很多銷售者都覺得自己的產品或服務能解決問題，卻忘了先讓消費者覺得「那是個問題」。舉個例子。早些年，我以「搭訕教主」的名號闖蕩江湖時，就大剌剌的告訴所有讀者：「目前坊間的兩性書籍，都在告訴大家如何跟異性相處。問題是許多人，根本連那個異性都沒有啊！讀那些書又有什麼用呢？於是我的《搭訕聖經》，就是教你在一開始的時候，無論何時何地，看到自己心儀的異性便能上前攀談，進而譜出屬於你的戀曲……。」

這就是一種銷售問題的方法。讓消費者知道他們所面對的問題，或者強化他們對於問題的危機感，如此一來，你的服務便會被他們買單。

而關於人生最重要的三件事，作者也挑明了，就是「愛、財富與快樂」。仔細想想，我們活在這個世界上，不就是在追求這三樣東西嗎？但有趣的是，這三樣東西學校不教，你得自己學！若你能提供獲得這三樣東西的產品或服務，那麼生意必將源源不絕。你看現在的坊間，學習財富自由及內心平靜的心靈成長課程賣得風生水起，就知道此言不假。我在教授的自我激勵課程，同樣也是迎合消費者的需求，讓他們在面對挫折與失敗的時候，能持續砥礪自己、勇往直前，這也是一種幫助他們追求快樂的方式。

因此，如果你也在銷售某項產品或服務，那麼這本《猶太人的說服藝術》，就是你最好的成功指南。我衷心希望讀了這本書的你，可以掌握說服的精要，並且透過自身的行動，澈底改變與提升，讓你自己的故事，也能成為說服他人時最好的「社會證據」！

推薦序二

今天，你猶太了嗎？說服藝術，學猶太人就對了！

知名企業講師／黃永猛

想法決定說法，說法決定做法，做法決定命運！而猶太人的想法，就是跟你不一樣。

從小，我家在臺北的西門町，開了一間小小的「幸福花店」，卻養活了一家九口。品牌是我父親取的名，因為不管是喜事的結婚、生日或開幕都需要幸福，甚至連喪事出殯也需要幸福。在我記憶中，父親一直是很有想法的人。當時，西門町人聲鼎沸，是商家必爭之地。我的母親很會做生意，常分享生意人的故事，形容會做生意的人「很猶太」，要我將來多跟猶太人學習。

出社會進入廣告界後，我負責眾多國外品牌，近距離與猶太人交談，發現他們的邏輯非常清晰且具說服力。從事講師工作後，我也常在課程中分享猶太人好口才的祕密，是因為他們的想法獨特，進而影響說法，說服力就會增強！

猶太人的生命三觀：人生觀、價值觀與世界觀，就是不一樣。這也創造出諾貝爾獎有二〇%猶太人獲獎的超優紀錄。在人生觀上，猶太人自古受到歧視與打壓；尤其二戰時，他們被納粹追殺，培養出堅韌與憂患意識的人生觀。在價值觀上，猶太人重視家庭教育，教導小孩要尊敬錢，對如何賺錢、用人脈賺錢或用錢賺錢等觀念，都深刻落實在日常教育中。在世界觀上，因民族長期受難、背井離鄉，在流亡世界的同時也吸收了各國精髓。有了更開闊的視野與豐富的知識，他們的實務說服力便因此加深。

細讀本書後，我發現猶太人除了三觀與眾不同外，當中更充滿著他們的傲人智慧與強大說服力。多年來，我在全國各地巡迴講授銷售談判課程時，就有很多觀點與作者不謀而合，包括：

厚臉皮原則。做業務臉皮要厚、態度要溫和，要盡全力說服客戶。這與作者亞尼夫．柴德博士強調的「正向厚臉皮」——猶太人的臉皮較厚、性格較剛硬，喜歡邏輯思辯與說服對方的觀點一致。

迴避原則。與柴德博士說的一樣，我經常提醒業務別在客戶面前提到自己的競爭品牌，這等於向客戶推薦你的競爭者。如此一來，就一定會有一些客戶離你而去。

還有一點**利益原則**：業務別去問客戶要不要，而要問想買哪一款商品。書中指出這種說服技巧叫做「錨定」。服務生在客人腦中植入「想喝酒」的想法，讓他們覺得理所當然，於是他們就會想著「要喝什麼酒」，而不是「要不要喝酒」。

當然，**逆向思維原則**也是我授課時強調的銷售技巧，就像投資大師華倫．巴菲特（Warren Buffett）曾說過：「市場就像大賭場，別人都在喝酒；如果你堅持喝可樂，你就會沒事。」

閱讀本書時，我很快的就融入作者描述的精彩情境中，無論是他提到的**罪惡感原則**（創造罪惡感，就願意花大錢買東西）或**投資原則**（放長線釣大魚，寵壞你的客戶，給他們吃的、喝的，他們一定會好好報答你）等篇章，都值得讀者細細咀嚼！

書中也提到，有人曾問美國作家威廉・巴克利：「若要到荒島上居住，你會帶哪一本書？」他回答：「造船的書。」如果你問我：「若要快速提升說服力，你會帶哪一本書？」我會回答：「《猶太人的說服藝術》」。

《猶太人的說服藝術》是兼具易讀性、趣味性、務實性又具專業的實用書，尤其若需銷售產品、傳達訊息、推廣電商給不認識你的人，或是向主管進行簡報時，這就是一本讓你更加得心應手的寶典！

此外，本書涵蓋作者的自身經驗與猶太人的實例，並導入巴菲特、比爾・蓋茲（Bill Gates）、馬克・祖克柏（Mark Zuckerberg）等猶太名人的語錄與諺語。讀者若能用心體會並落實這些內容於職場上，在銷售溝通或談判技能上必定能大幅提升！

編者序

向猶太人學習，錢會順理成章進你的口袋

馬克·吐溫（Mark Twain）曾寫過：「猶太人只占世界人口的一%，在正常的情況下，猶太人應該默默無聞，但是猶太人的名聲響亮，而且始終如此。猶太人是成功的企業家，紐約百老匯（Broadway）絕大部分的批發業，掌握在猶太人手中；德國賺錢的大企業，有八五%掌握在猶太人手中。猶太人是賺錢高手。」

馬克·吐溫高估了猶太人的數目（猶太人口僅一千三百多萬，占全球〇·三%不到），然而他的說法絕非空穴來風。畢竟，猶太人在全球商業與經濟上的地位，的確高到令人無法忽視。甚至還有句話說：「全世界的錢，裝在美國人的口袋裡；而美國人的錢，卻裝在猶太人的口袋裡。」

根據《富比士》（*Forbes*）雜誌的統計顯示，美國前四十大富豪中，有近半

數是猶太人。再看看以下例子：石油大亨洛克斐勒（John Davison Rockefeller）、投資大師華倫・巴菲特、金融與傳媒集團Bloomberg創辦人麥克・彭博（Michael Bloomberg）、微軟公司創辦人比爾・蓋茲、Google共同創辦人謝爾蓋・布林（Sergey Brin），以及社群網站臉書創辦人馬克・祖克柏，這些赫赫有名的金融、商業與科技媒體巨擘，全部都是猶太人！

許多人試圖分析為數不多的猶太人之所以能掌握全球經濟命脈的個中緣由，例如顛沛流離的流亡歷程，讓他們被迫以經商維生、重視金錢與理財觀念，也造就他們異常團結的民族性格；加上猶太人重視教育，認為良好的教育自然會帶來財富，畢竟身家財產對經常被迫流亡的猶太人而言有如曇花一現，而透過終生學習得來的智慧才是人生真正的財富，是其他人如何偷拐搶騙也奪不走的。

本書作者亞尼夫・柴德博士來自以色列，自己就是個猶太人。有「說服力博士」之稱的他，知曉**猶太人成功致富的祕密**，在於他們累積了數百年來前人所傳承下來的智慧，**知道如何一開口就能說服人**。其中作者所提及的一個技巧，對於從事文字工作的編者來說，更是有如醍醐灌頂——**行銷文案第一守則：把它寫成**

像在說話一樣！很多撰寫文案的人，經常陷入用字遣詞的苦思中，結果就是把文案當成「文學巨作」來寫；文采或許有了，但受眾根本無感，遑論下手買單了。但最簡單易懂的語言，成效其實才是最大的！

除此之外，柴德博士還分享許多提高產品售價、建立專業權威、創造死忠顧客、從事口碑行銷的說服密技。無論你從事何種行業，如果你想靠著小祕訣獲得大成果，像猶太人一樣把錢都裝進口袋裡，那麼這本《猶太人的說服藝術》，就是你可以時時刻刻翻閱請益的案頭書。

前言 如何像猶太人一樣賣東西？創意行銷的祕訣

猶太人在任何國家，都是最懂得經商，而且是最成功的少數民族，他們有什麼祕訣？

以色列這個小國，是怎麼成為「創業國度」，也就是世界上新創公司最多的國家？

猶太商人是用什麼手段，抬高產品與服務的價格，哪怕市場已經飽和？

為何猶太人時時刻刻都能夠創意思考，即使市場競爭激烈也不怕？

你如何創造一個社群，持續在你的周圍成長？又該如何教育社群成員向你買東西，而不是跟競爭者購買？

跟市場其他競爭者相比，你的行銷與銷售該怎麼與眾不同、更有成效？

本書是暢銷書《說服並影響任何聽眾》（*Persuade and Influence Any Audience*）的續集。作者亞尼夫．柴德——又稱為「說服力博士」，既是遊說領域的國際專家，也是經驗豐富、魅力十足的演說家。他在本書中揭曉了最創新、有效的手段，幫你增加收入、建立專業權威、創造並維持顧客社群、從事創意行銷、盡可能提升銷量——而這些手段早在亞伯拉罕（按：Abraham，猶太教、基督教和伊斯蘭教等宗教的先知）時代，就被猶太商人使用至今。

柴德博士主講過一千六百五十場以上的講座，並於四大洲都有舉辦研討會。超過五百七十家公司與企業（各領域皆有）曾接受他的個人與企業諮詢服務，還有超過四十萬人看過他的YouTube頻道；此外，他曾於二〇〇三年獲得世界演講錦標賽第三名。如果你想靠著小祕訣獲得大成果（無論個人、事業還是專業），那麼具備前述這些經驗，且著有許多暢銷書的柴德博士，就是你該請益的對象。

以下是《猶太人的說服藝術》能協助讀者（經理、全職員工、自由工作者、創業家、大公司執行長、小企業業主）辦到的事情：

1. 賺更多錢，達到更多成就。
2. 採取不一樣的思考與行動。
3. 更加主動、勇於面對聽眾或顧客。
4. 為你的事業與財務承擔更多責任。
5. 以與眾不同的角度，分析你周遭發生的事件。
6. 察覺你眼前的事業機會與個人機會。
7. 變得更樂觀。
8. 將你的訊息傳達給世人。

歡迎前往說服力博士的網站：www.drpersuasion.com。

引言
以色列最受歡迎泡泡糖，改寫了我的命運

在我們小時候，以色列有一個泡泡糖的牌子叫做「火箭炮」（Bazooka），廣受大家喜愛（至今人氣依舊不墜），原因在於它的口味，以及裡頭附的算命訊息。每片口香糖都附了一張紙條，上頭印著一小篇漫畫，漫畫底下有一段話，會告訴你一些冷知識，或預測你的未來。

當時的占星術不像現在這麼普及，而我們這些小孩，總是好奇自己未來會發生什麼事。算命訊息可說是五花八門，例如「你不久之後就會遇到貴人」、「下星期你會收到禮物」之類的。

但我記得最清楚的一句話是：「**等到二十一歲，你就會飛上月球。**」

我那時還小，對這句話百思不得其解：這句話是誰講的？他到底想表達什

麼？就算當時我很小，也知道它不是字面上的意思。老實說，我不管幾歲都不太可能登月——即使有極少數人辦到了，他們當時也不只二十一歲。

等到長大以後，我才了解這句話對我的意義：**趁你還年輕的時候，抱持努力不懈、積極向上的態度，並盡快實現你的目標**；不要等到退休、「萬事俱備」或世界和平時才這麼做。

這些年來，我研究「成功」這個主題，並推展自己的事業與專業；過程當中，我逐漸明瞭該怎麼在最少的時間內，達到最多的成就。我赫然發現，任何事情都取決於你善用說服力的程度：

1. 用簡單的語言向別人解釋，你想從他們身上得到什麼。
2. 用愉快的方式與人溝通，讓他們喜歡你。
3. 為周遭的人注入活力，讓他們開心。
4. 用有趣的方式說故事，讓別人願意聽。
5. 激勵別人行動，哪怕要他們走出「舒適圈」。

6.「銷售」點子、訊息、產品或服務給不認識你的人。

上述這些能力，會透過最快、最有效率的方式，讓你在個人、專業與事業上獲得進步與成功。

而我從二〇〇三年就開始傳授這些能力，可說是這方面的專家。

而且，我也可以替你算命——

接下來幾天、幾週與幾個月內，你會坐在家裡或辦公室讀這本書。等你讀完之後，你會獲得許多有趣與實用的技巧（其中一些技巧甚至會讓你笑出來），學會如何更清楚的傳達訊息、影響別人，並且讓周圍的人更喜愛、感激與欽佩你。

你在本書中看到的所有技巧，**都可以在極短的時間內學會並實踐**（請相信我，因為我自己就在用）。

祝你閱讀愉快、快速實踐！

亞尼夫・柴德博士

第1章

在提供解答之前先銷售問題，顧客就不會跟你殺價

一般的花束與「新娘花束」（也就是婚禮與婚紗照中使用的花束）到底有什麼不同？

你會在這一小節的最後看到答案，但我先講個有趣的故事。

我的書有在亞馬遜（amazon.com）上架，所以我經常上去查看書籍與CD的定價與促銷內容。

而我碰巧看見某件事，一定要跟你分享一下——收錄九十九首莫札特古典名曲的合輯，亞馬遜售價為八至十一美元（視CD或DVD的促銷、日期與品質而定，按：一美元約合新臺幣三十一元）。

這樣看起來還蠻正常的吧？

可是除了這種賣給成人的莫札特合輯，還有一個事業叫做育嬰莫札特（Baby Mozart），推出CD與DVD給零至三歲的小孩——據說能夠安撫他們。育嬰莫札特合輯只收錄十首曲子，但在亞馬遜的售價是三十九至五十一美元！

還沒聽懂嗎？那我講清楚一點，育嬰莫札特的曲子跟一般合輯是相同的，畢竟莫札特並沒有特別為小孩作曲。

育嬰莫札特的曲目比一般合輯少很多（十首對九十九首），售價卻是後者的五倍！

為什麼？

因為它是專為小孩所設計的。

一般花束與新娘花束有什麼不同？

根據研究顯示，人們會在三個領域花很多錢，與產品的真實價值不成比例。

這三個領域是——

1. 健康。
2. 婚禮。
3. 小孩。

先從小孩說起。根據世界各地的調查，西方國家的一般家庭，平均會花幾十萬美元在每個小孩身上——從出生到他們年滿十八歲為止，而且無關家庭的社經地位！

你或許會問：一般家庭怎麼可能負擔得起這種開銷？

答案是：他們負擔不起！

然而，父母不管怎樣還是花下去了，因為他們不會對小孩省錢。

因此，育嬰莫札特的價錢是「成人」莫札特的五倍。

接著是第二個主題——健康。你知道嗎？有些人從事非常低薪的工作（假設月薪為一千三百美元），生活很節儉；身旁所有人都跟他們說，他們能夠（而且應該）賺更多錢，但他們的自尊心與警覺心都很低。然後有一天，他們或他們的家人生病了（但願別發生這種事），需要動緊急手術，費用高達十萬美元。突然間他們必須籌錢，只好多兼幾份工作、募款或請求親友協助。他們找到方法賺更多錢，支付宛如天價的費用。為什麼？因為你願意掏錢購買任何對健康有必要的事物。

再來是第三個主題——婚禮。回到我們最初的問題吧。一般花束與新娘花束的不同之處，只有價錢而已！前者的平均價格是二十五美元，後者是一百二十五美元，而且花本身還是一樣的！

為什麼？因為目的不同。人們願意為了婚禮花更多錢。因此，假如你是在這三個領域中——小孩、健康、婚禮——銷售商品與服務，算你好運！我不想聽到「市場條件不好」、「競爭者好多」之類的抱怨，因為事實並不是這樣！如果你在其他領域做生意，應該就能體會「**在解答出現之前，先銷售問題**」有多重要。

當問題或需求對顧客而言越重要、緊急，他們就越願意花錢買解答。

所以，假如你想賣花給顧客（打個比方），你就得知道花對他們而言有什麼用途。

只要你不自成品牌，你的收入就很辛苦！

幾年前，有一位客戶跟我講一個驚人的故事。他是電腦進口商，試著向公司行號行銷電腦，卻老是被回絕或推辭。他搞不懂原因，因為他的電腦**比競爭者更好、更便宜**，照理說應該是所有採購經理心目中的夢幻供應商！後來為了理解原因，並讓自己更有效率，他開始問對方為什麼拒絕他。有一天，一位採購經理直接回他：「我知道你的電腦比ＩＢＭ更好、更便宜，但我下一批電腦還是會跟ＩＢＭ買。為什麼？**因為電腦如果出問題或故障，大家會怪ＩＢＭ而不會怪我；但假如我賭你一把的話，到時候我就要丟飯碗啦！**」這才讓他驚醒過來。

採購經理的答案很驚人，卻也不算離譜──他只是把其他人不敢採購的理由講出來而已。因此我聽到這段故事的時候，並沒有很意外，因為我很熟悉類似的情況。

我剛開始推銷培訓講座給經理與業務員的時候，非常相信一件事：培訓經理真的在乎講座對參與者是否有益。這樣的話，參與者就能利用在講座中學到的東西，增加公司的獲利。唉……我真的是太天真了！

培訓經理最在乎的事，是大家都很喜愛這次講座，以及更重要的──**沒人向他抱怨！**最好不要有經理聽完講座之後，一臉錯愕的跟他說：「這個講座是怎樣？講師有夠爛，你是從哪裡找來的？我們花了這麼多錢，結果你給我們聽這個？」培訓經理可能會因為這個無聊的講師而被責罵、甚至被開除。所以他寧可不冒險，直接找一位知名且成功的講師，也就是知名品牌就好！

這些講師的講座不太可能搞砸，就算搞砸，培訓經理也可以裝出很訝異的表情，跟抱怨的經理說：「那你想怎樣？他是被高度推崇而且經驗豐富的講師，誰想得到他會這麼爛？」

這就像前述那位採購經理，因為害怕丟工作，所以向ＩＢＭ採購電腦。

因此，假如你想賣東西，卻對市場不熟悉，那你就要增加客戶對你的信心。這樣他就不怕跟你合作不愉快，或是有人向他抱怨了。

先說服自己漲價？

狀況一：

你是一位專業人士或業主，想要提高產品或服務的價格。你該怎麼輕鬆、自信的跟既有顧客報上新價格？

狀況二：

你上班上了好幾年，現在終於自己出來創業。你該怎麼以最平順、實際的方式，進行必要的「心態轉變」？

狀況一的答案：

請把新價格寫在紙上，看過幾遍之後，然後在鏡子、伴侶或同事面前，練習大聲說出這個價格，這樣你之後才敢跟客戶這麼說。

狀況二的答案：

為自己弄一張名片，印上公司商標，然後名字下面寫上「執行長」、「業主」或「創辦人」的頭銜。

上述這兩個狀況與其答案，有何共同之處？

答案是：**在你說服別人之前，必須先說服自己**。

跟客戶呈報新價格之前，我必須對自己感到自信、自在，深信自己漲價是有正當理由的。向別人介紹自己與職位之前，我必須滿意自己「創造」出來的新職位。畢竟任何創業家、生意人或公司老闆，都是在什麼都沒有的情況下，創造出新事物的！

除非你對自己傳達的訊息有自信，否則沒人會對你有信心。除非你相信自己的職位，否則你很難說服別人。

換言之，你的說服技巧必須從心態出發，也就是用商業的角度思考自己。

向銀行或政府貸款時，你必須做什麼？

二〇一四年，我指導過一位客戶跟政府貸款。

這還真不容易。

首先，她要填很多表格，回答很多問題，還得跟政府基金的代表人會面。

第二，她必須跟銀行經理會面。

第三，她必須在貸款與補助委員會面前簡報，所有相關人士都會到場，包括銀行、基金與財政部的代表人。這些人會決定是否允許貸款。

到目前為止都還是技術流程而已，現在我才要切入重點。

我替她準備簡報的時候，看了好幾份她必須填的表格，結果我發現，近年來表格裡新增了一些有趣的問題。以前貸款申請人必須交出一份執行摘要（一至兩頁的摘要，解釋自己在做什麼）、一份事業計畫（財務預測），以及許多技術層面的細節（地址、開業年分等）。

現在放款人除了要求上述這些資訊，提出的問題也更偏重於行銷。我的客戶必須回答這類問題，因此她請我替她想答案。以下舉幾個例子：

「請列舉五個你用來推廣事業的**行銷通路**。」

「你收到貸款之後，會規畫那些**行銷活動**？」

「這些活動**每個月會替你累積多少新客戶**？」

老實說，這些問題都很重要、切題，我希望所有業主創業的那一天，都要這樣問自己。當然，再早一天問會更好……。

重點在於，多數的創業家與業主，都專注於自己的產品與服務，而非行銷。因此他們不會問自己上述那些問題（就算有問，也不會問這麼細）。

其實，我覺得多數業主都是到了填表格的時候，才開始認真思考這些問題的答案。

為什麼要問這些問題？因為銀行與基金代表人並不是笨蛋。

他們很清楚，你之所以要貸款，就是因為你沒有資產，或是你的事業正在賠錢，而且你透支了。

這就表示，假如他們沒有問太多細節就借錢給你，而你又沒有從行銷的立場好好經營事業，那麼你的事業就不會起飛或改善。

這樣的話，他們頂多只是幫你多爭取一點時間來勉強餬口或維持事業運作，但你遲早又會把錢花光，然後再跟他們借錢。

為什麼？因為你並沒有真正增加自己的收入，讓事業正常運作。換句話說，你只是從各種管道借錢或「吃老本」，並沒有靠銷售產品或服務來賺錢。

因此，銀行與基金代表人是在**強迫你思考行銷層面；你的行銷必須有創意**，他們才肯點頭。

他們強迫你找出五個不同的行銷通路（亦即有客戶存在的平臺），並且把它們寫下來（這樣你才曉得這個議題有多重要）。他們希望你收到貸款之後，就知道自己該做什麼，並**思考自己能累積多少資本**。

如果你無法好好回答這些問題，那麼你連初步資料審核都過不了，更別說要跟代表人會面了！

聽懂了嗎？那我再問你兩個問題。

第一，從來不問自己行銷問題的人，會經常跟別人貸款，你覺得這兩者之間有關聯嗎？

我深信兩者有很強烈的關聯。他們透支或需要別人援助的理由，與他們的經營態度直接相關。

第二，你難道要等到自己已經透支，被迫跟其他人貸款、乞求銀行或基金恩賜你一些「氧氣」後，才開始從行銷或事業的角度來規畫未來，並思考該怎麼做才對嗎？

我堅決認為不該如此。你根本就不用等！如果你從一開始就妥善行銷的話，你就不太需要貸款或其他的援助。

猶太富人的經典語錄

「若你有能力提高價格，卻不會流失客戶，就等於擁有一項非常好的業務！」

——華倫．巴菲特，投資大師，猶太人

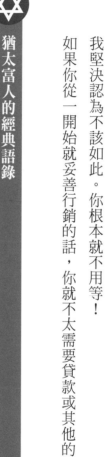

第2章

學校沒教的事，多半有商機

假如你隨便找個路人，問他們人生當中最重要的三件事是什麼，所有人都會給你這三個答案（根據國際性的研究）：

1. 愛。
2. 財富。
3. 快樂。

當然順序與用詞不一定是這樣，但對所有人來說，最重要的三件事就是：

1. 被別人愛（包括家人、伴侶、朋友等）。
2. 有足夠的錢過自己想過的生活。
3. 快樂與滿足。

很好。但只有一個問題：**在教育體系與「正規」的生活當中，沒人教我們怎**

麼獲得快樂、愛與金錢！

人生當中這三件最重要的事，你得找人教

幼兒園沒教、小學沒教、大學也沒教。我們東學一點、西學一點，從老師、父母與其他教育者學到一些見解、知識與方法，但就制度面來說，沒人教我們怎麼找到合適的伴侶、讓別人喜歡我們、賺到錢、活出人生的價值……諸如此類。

可是這些，才是我們人生當中最重要的事！

多數人通常要等到完成學業後一段時間，才會發現他們在學校學到的東西，跟他們所需要的東西（或人生當中重要的事物）是有落差的。

我舉兩個簡單的例子。

第一個例子：

我是經濟學家，念了三年經濟學學士，卻沒有大學教授在課程中教我行銷。

我攻讀經濟學學位的期間，居然沒聽過「錢」這個字，只學到理論上的經濟學模型。所以完成學業後想建立事業的人，怎麼可能知道賺錢的方法？

第二個例子：

我也是律師，讀了四年法律學士（與經濟學學士同時念），卻沒人教我怎麼在法庭發言、申請賠償或談判。

因此，一位律師在完成法律理論的研究之後，如果沒有任何實務方法與客戶、法官合作，又怎麼能在競爭激烈的法律界與企業界中存活？

我可以舉出更多例子，但重點在於——**這些人該怎麼辦？**也就是說，當人們發現這種落差，驚覺人生缺少了某件事物——金錢、快樂、愛或以上皆是，又不知道怎麼獲得它們的時候（因為沒有人教），他們會怎麼做？

這就是「非正規教育」派上用場的時候。某個領域的專家與私人機構，會舉辦研討會或大型會議、寫書、提供諮詢或訓練。於是大家就透過這種方式來彌補落差，並獲得正規機構不肯教的知識。

我跟客戶合作的時候，都會滿足兩個非常重要的需求：

1. 學會如何在聽眾面前說話、提升說服力與熟練人際溝通，進而改善你與別人之間的關係。
2. 學會如何行銷、協商、製作事業與銷售簡報，進而增加你的收入。

我有兩個好消息要告訴你。

第一，你在人生當中的所有缺口——諸如愛、浪漫關係、其他關係、金錢、行銷、快樂等事物，**都有人願意教導你**。你只需要找到那位老師。

第二，如果**你提供產品或服務，替人們解決這三個領域（愛、金錢、快樂）的問題**，亦即你從事教練、企業顧問、治療師、婚姻諮商師、仲介、行銷顧問等職業，那麼你真該感到慶幸才對。

為什麼？

因為你滿足的是眾人共有的真正需求，所以你會有許多潛在客戶。只要**正規教育體系的課綱繼續忽視這些主題，你就會有做不完的生意**。

你們大多數人，甚至連自己專業領域內的潛能（行銷、事業或財務面）都沒開發過。

為什麼你的目標是當「華爾街之狼」？

二〇一四年一月，我去看了李奧納多．狄卡皮歐（Leonardo Dicaprio）主演的強片《華爾街之狼》（*Wolf of Wall Street*）。它是真實故事（改編自一本自傳），描述一九九〇年代初期，有一位年輕有野心的華爾街掮客，非常渴望成功，很快就成立了一家上百名員工的公司，藉由賣股賺了好幾億美元。

他們賣的是水餃股（按：股價很低的股票），幾乎沒什麼價值；而且他們欺騙無辜的人（無論貧富），偷走對方的錢，犯下一連串的刑事罪，並觸犯了美國證券交易委員會的法規。

這部電影固然精彩，但最吸引我的地方，在於「華爾街之狼」（美國媒體如此稱呼這位掮客）使用的行銷與說服術。

你先別急著反駁我——我痛恨不誠實的舉動，強烈反對觸法，也很討厭華爾街人士的不道德行為（例如毒品交易、愛看脫衣舞、經常羞辱別人）——無論電影或現實皆如此。

但整部電影看下來，有個想法在我腦中揮之不去。我告訴自己：「假如有另一個人，做法跟華爾街之狼一樣，但**商品是真實、合法的，能為客戶帶來價值**，那麼他一定會非常成功！」

因為李奧納多在片中的作為都是天才之舉，包括他的銷售與說服方法；「炒熱」員工士氣並灌輸他們動機；以及他如何招募員工並教他們賣東西。

你可以從他身上學到很多事情！

你唯一要做的，就是忽略「華爾街之狼銷售黑心假商品」的事實，再想像他賣的是合法商品，而且對客戶也有價值。如此一來，他所做的事就是一項非常成功且獲利頗豐的事業，足以成為其他人的榜樣。

我講了這麼多，重點是什麼？**你可以向任何人學習**，任、何、人！

就算你跟那個人沒交情，不相信他本人或他的產品與服務，**只要他的招數有效、很快就被信徒與粉絲簇擁、產品夠成功、在市場上掀起話題**，你就可以向他學習。你的學習對象可以是神職人員、競爭者，甚至是罪犯！

不管你對某些人的想法為何，你都可以向他們學習。你只要忽視他們的產品或服務，**聚焦於他們的成功之道就好**。

我說了什麼話，讓我的直播立刻走掉數百人？

幾年前的某一天，我在晚上九點舉辦了一場網路研討會。網路研討會是一種免費的線上講座，你我都坐在家裡，而我傳達訊息給你。我們全都透過個人電腦聯繫，所以你能夠舒舒服服的待在家裡，聽我主講一個屬於我專業領域內，而且你也感興趣的主題。

結果，我的網路研討會（預計晚上九點開始，十點半結束）湊巧跟兩個收視率很高的節目「撞時間」：足球賽的準決賽，以及某個電視實境秀的最後一集（可說是節目的最高潮）。

其實也不算湊巧，只是我自己疏忽了。我事先沒看節目表，就把網路研討會排在這一天（要不然，連我也想看準決賽）。

但儘管競爭激烈，我的網路研討會還是吸引了數百人參加。

我一開始想鼓舞聽眾，打算講幾句客套話，感謝他們願意花時間坐在電腦前聽我演講。於是我說：

「大家好，我是亞尼夫博士。我要感謝大家參加這場網路研討會。你們參加意願這麼高，而且人數眾多，真的令我受寵若驚。**現在足球準決賽已經開踢了，你們還願意來捧我的場，我真的很感動！**」

結果我一說完「準決賽」三個字，右側螢幕上顯示的聽眾人數，幾秒之內居然少了一百人！

剛開始我還搞不清楚狀況，於是繼續說道：

「**還有，選擇聽我的講座、而不收看××實境秀最後一集的人，也令我非常**

感動！」

一瞬間，聽眾又跑掉了一百人！所以我才直播一分鐘，就流失了三分之二的聽眾！此時我才知道自己出包了，只好趕緊切入正題。

到底發生了什麼事？我犯了什麼大錯？答案其實很簡單——**我提到了自己的競爭者！**

我等於「做球」給自己的競爭者。對大多數的聽眾來說，除了我的網路研討會之外，他們還可以選擇收看高收視率的節目。

當時我的聽眾，並非認真考慮過後，才決定選我而不選其他節目。他們只是聽說有這場講座，就把日期記下來，而懶得去查節目表，看看同時段還播出什麼節目（就跟我一樣）。

可是當我跟聽眾提到自己的競爭者後，我就等於替自己創造了競爭！

我們可以從這段故事學到什麼？

當你參加銷售會議，或者向客戶傳達訊息的時候，千萬別直接提到競爭者！

就算你知道競爭者是誰，或是有想到他們，你的客戶當下一定沒想到，而且絕對不會感謝你的「提醒」。

我經常聽到生意人對客戶這樣說：「我是A，而且比B跟C更好！」結果客戶很無辜的問道：「那個……誰是B跟C啊？」

客戶本來打算跟你做生意，被你這樣一講，他就打消念頭了，因為他想聽聽B跟C的報價！你的本意是阻止客戶去找競爭者，但實際上，**你等於向客戶推薦了你的競爭者**。

那你該怎麼辦？

談談你自己，強調你的活動與你提供的價值，闡明你的相對優勢；如果你真的要談自己的市場地位，大概提一下就好，別提特定的競爭者。

假如我當初這樣說：「感謝你們現在願意來捧場，而不是去看電視」，就不會有任何問題，聽眾也不會跑掉。因為他們只是隱約知道我有競爭者，亦即他們有其他電視節目可以看，不一定要聽我的研討會。

但假如我提醒他們有哪些競爭者，他們就會重新考慮自己的行動，並質疑自己的決定。如此一來，就會有一些聽眾離我而去。

猶太富人的經典語錄

「不能成為賣鞋的商人，就別想成為學者。」

——猶太諺語

第3章

錨定效用、社會認同、眼神接觸，都能讓客戶更快點頭

一九六〇年代，研究員霍華・雷文赫爾（Howard Leventhal）想調查一件事：人要恐懼到什麼程度才會採取行動？他找來一群學生，發給他們小冊子，裡頭說明了疫苗的重要性，以及沒接種疫苗會有什麼危險。

一個月後，他發現只有三％的學生有去接種疫苗。

什麼方法最能夠促使大家去接種疫苗？

其實學生讀過資料之後，都知道疫苗的重要性，以及沒接種疫苗的危險。甚至有些學生，表達出強烈意願想接種，卻沒有進一步的動作。

我認為這叫做「**客戶舉棋不定**」。

後來這個研究有了重大突破：雷文赫爾拿了幾份指南給學生，上面寫著診所的地址與它的營業時間。結果接種疫苗的學生，從三％成長為三三％——亦即增加了十一倍！

這對你來說有什麼啟示？雖然恐懼、知識與欲望都是人類的動力，但人的行動通常是由小事決定的。**假如人們必須做某件事，而你告訴他們這件事很簡單，他們就會採取行動**。

近年來，我在各種場合遇到許多想跟我保持聯絡的人，都這樣跟我說：「我沒有名片。你只要去Google搜尋我，就能找到詳細的資料。」

而我心裡卻想說：「省省吧！沒人想Google你！」

因為這樣做太「複雜」了。等我摸到電腦的時候，甚至連你的名字都已經忘記了；就算我很想跟你保持聯絡，真的用Google搜尋你，也會很快就放棄——除非我可以在一分鐘內，從你的網站找到聯絡方式。

為什麼？因為我很忙；我懶得找；我沒時間；我還有別的事。

所以，你為什麼不帶一張名片來現場，或至少給我詳細的資料？

再舉另一個例子。

根據一項關於網路註冊的研究，如果你的註冊鈕上寫著「關於本大會的更多詳情」，轉換率（看到連結的人當中，有多少人會點選它）會比較低。可是假如你寫著「關於本大會的更多詳情，請點選這裡」，轉換率就會顯著提高；假如你寫的是「關於本大會的更多詳情，請**現在**就點選這裡！」，轉換率更是大幅提升許多！

這是怎麼回事？其實我們只是**把對方該做的事說清楚**。不是因為他們很笨或很懶，更不是因為我們對他們來說不重要。

只是……唉，你知道的：

「我收到一則Outlook訊息，所以離開你的網頁。」

「老婆在叫我，我只好離開電腦。」

「我剛好想到兩天後要考試，所以非念書不可。」

他們的生活總有各種大小事，而且都比你重要。

雷文赫爾實驗中的學生，真的很想去接種疫苗。他們也知道不接種會有什麼後果。

只是……唉，你知道的：

他們剛考完試。

他們剛跟女朋友分手。

好啦，這樣你該懂了吧？

會談時有人問你想喝什麼，你要接受嗎？

讓我問你一個問題：

你要去跟客戶、同業或賣家談生意。

你走進他們的公司，他們問你：「**你想喝點什麼嗎？**」

你會回答「好的」還是「不用了，謝謝」？

這個情況會在生活中遇到好幾次，但我們從來沒仔細思考正確答案。

就商業、行銷甚至人際關係的角度來說，怎麼做才是對的？研究顯示大多數人會回答「不用了，謝謝」。

倒不是因為他們不渴。以下是幾個拒絕的理由：

「受人服侍，讓我很不自在。」

「我想要專心、有效率，不想浪費時間喝咖啡閒聊。」

「這樣的話我就處於劣勢了，因為我已經吃人嘴軟啦。」

此外還有其他類似的答案。但事實上，**你應該回答「好的」**！當有人給你飲料時，你應該接受；這樣比較有禮貌，對方就願意跟你聊深入一點，也會樂於為你效勞。而且你喝了飲料解渴之後，就會精神一振，在會談中拿出最好的表現。大家總是從「宏觀」的角度思考說服力與銷售，但影響他們人際溝通成敗的，經常都是小事情。比方說，別人給你東西，你不要拒絕他。

這種回應效果不一定顯而易見，有時它影響的是對方的潛意識。

因此，你要回答「好的」。現在我們接著回答下一個問題。

喝熱的還是冷的？

你要喝熱飲（咖啡、茶）還是冷飲（水、果汁）？研究顯示，接受對方飲料的人，多半會要求喝冷飲（通常是一杯水），但正確答案其實是熱飲！

為什麼？

當對方端上熱飲之後，你等於**替自己爭取到至少十五分鐘的對話時間**，因為你要等咖啡變涼，然後把它喝完。假如對方想給你熱飲，而你說：「不用了謝謝，我只要一杯水就好。」你等於無意間縮短了會談的時間！

另外要記住，如果你的會面對象沒有耐心，或希望會面時間短一點，你就千萬別接受飲料；在極端情況下，你甚至連坐下都不需要！

因此，為了確保會談充實、有意義，你應該接受對方的飲料，並要求喝熱飲。最重要的是，你要邀請對方跟你一起喝那杯咖啡或茶！

如此一來，對方就會覺得你關心他的福祉，兩人之間的信任與親密度都會增強。多注意這些小細節，你就能夠得到美好的結果。因此下次對方問你：「你想喝點什麼嗎？」而你的理想回答應該是：

「好啊，謝謝！請給我熱的，你願意陪我一起喝嗎？」

這時候，你千萬不能接手機

以下兩個狀況，有什麼共同之處？

狀況一：

你正在聽課，突然手機響起。你接起手機（還摀著嘴巴，好像這麼做聽眾就聽不見）、走過人群、離開會場，然後繼續對話。講完之後，你當然就回到會場繼續聽課（直到又有人打手機給你）。

狀況二：

你下午帶小孩去公園玩，突然手機響起。你很自然的就接起來跟同事或朋友談事情，甚至還稍微遠離你的小孩，這樣他們就聽不到你在說什麼。結果你的四歲小孩爬到一個遊樂設施上，旁邊還掛了一個牌子：「限七歲以下兒童攀爬，必須有家長陪同。」

你知道這兩個狀況有什麼共同點嗎？

兩邊你都沒有真正「在場」！

你既沒有認真聽課，也沒有認真聽你同事說什麼（即使你接了電話）。你既沒有認真陪你小孩，也沒有認真投入對話，因為你要盯住小孩。我懂、我懂……。

身為講師、顧問與人父，我經常看到這種狀況。你或許會說「那我能怎樣？」、「這就是現代社會的枷鎖」、「他們工作上需要我，所以才打手機給我」之類的話。好吧，但你想像一下這個狀況：你跟一位重要客戶在會談，他快要跟你談成一大筆生意，結果突然間你的手機響了。你接起手機（當然），走出會議室（什麼？）去回電話（卻沒跟客戶講一聲），幾分鐘後才回來，然後裝作什麼事都沒發生。

你覺得這有道理嗎？

你真的以為客戶不在意你話講到一半跑出去嗎？你真的覺得他也會裝沒事嗎？真希望你不要這麼白目。當你在「好好陪小孩」的時候，卻每通手機都接，小孩就會覺得你很白目，只是沒有跟你講白而已。當講師話說到一半你起身離席，完全忽視滿場的聽眾，他們也會覺得你很白目。

所以，我到底想說什麼？**你的人要「在場」！**

無論在什麼情況下——對話、會議、講座、與家人相處，**你都要完全專注於眼前的人與事，並且享受這個情況**。

如果講座很無聊，你就離開別再回來，或乾脆別參加。

專注於一件事是很重要的，不要試著一心二用，這樣一定行不通（畢竟你也只是普通人），而且你會錯過許多事物，也無法鼓舞別人。

為什麼活動一定要有點心？

幾年前，我進行了一項廣泛的客戶調查，其中一個問題是：**他們報名參加研討會與講座的理由是什麼？**

畢竟我賣的產品就是研討會與講座，所以我當然要了解客戶為什麼買我的產品與服務。我收到的答案非常多種，甚至還有點驚人，但我特別記得其中一個理由（重要度還排名第五）是——**點心！**也就是說，有些人參加大會、活動與研討會的理由，就是因為那裡有提供點心。

這答案嚇了我一跳，但後來我讀了一份研究，它說舉辦活動時如果有提到會準備食物，轉換率（獲知大會訊息的人當中，真正報名的比例）會增加二〇％。換句話說，若**大會有承諾準備食物的話，參加的人就會增加二〇％！**

其實重點不在於食物本身。不會有人餓肚子來參加商業或專業活動，就算很餓，也不會有人報名活動只是為了吃東西，直接去吃飯還比較划算。那麼活動有承諾準備食物，為什麼能夠吸引更多人前來？

理由有三個：

第一，**投資原則**——假如業主把我當成客戶來投資（大家都喜歡被人投資與請客），還替我準備食物（至於是簡單的點心還是一整餐，就沒那麼重要），那我就會以報名來作為回報。

第二，**提高大家真正到場的機率**。假設我的研討會是從下午五點到九點，而且沒準備點心的話，任何潛在客戶都會選擇回家吃點東西再到場。可是當他一回到家，電視、老婆與小孩會讓他放鬆下來，那天他就不會想再出門了。假如客戶知道會場有輕食可以當晚餐，他一下班就會直接前往研討會，而我們也不會因為那些外部誘惑而「損失」他。

第三，**人在吃飽後會比較警覺、專注**。史丹佛大學有三位研究員做了一項研究，調查假釋委員會的決策。這些專業委員會負責審核欲提前出獄的犯人，而且要討論好幾天，從早上討論到中午。每天討論都分成三個時段，中間吃兩餐。分析過委員會的決策後，研究員發現一件有趣的事實：委員吃飽並保持警覺的時候（每天會發生三次：大清早、吃完第一餐之後與吃完第二餐之後），他們會比較傾向釋放囚犯；如果他們很餓，就會拿不定主意，只好維持現狀——也就是讓犯人繼續關著。換言之，為了要引人走出舒適圈，使他們改變思考與行動，你必須填飽他們的肚子。

這對你來說有什麼意義？

第一，如果你是在監獄中讀到這一段，然後假釋委員會快來了，就請他們把你排在早上（或每餐之後）第一個受審。

第二，寵壞你的客戶，給他們吃的、喝的，他們一定會好好報答你！人在吃飽的時候最能夠吸收諮詢、行銷、訊息等內容。如此一來，你鼓勵聽眾或客戶走出舒適圈的成功率，將會大幅提升。

為什麼你要懂得賣免費商品給別人？

二〇一三年十月，我參加了德國法蘭克福國際書展，發現一個有趣的現象：所有出版社、作者與作家經紀人，都將自己最好的書籍帶到書展，以便買賣版權、簽訂配銷與出版協議。

五天的書展期間，他們把這些書籍展示在場館內。前三天是以企業客戶為主，並沒有開放給民眾。

最後兩天，書展開放給民眾，單單一個週末就有數十萬人前來參加。

那麼，有趣的現象是什麼呢？

在書展最後兩天，尤其是最後一天，大多數的出版社與經紀人會離開場館，回到自己的國家。他們不想把書帶回去，於是繼續把書放著展示，然後留一張字條說，任何人都可以自由拿取自己想要的書。

是的，你沒聽錯。這些留下來的書都是免費拿取的。你可以拿著皮箱，滿載暢銷書而歸。

可是，事實跟你想的相反——很少人會這麼做。

我目瞪口呆的看著場館滿滿的好書就這樣被遺棄，沒人來撿走它們。接著我就想到一個重要原則，而我已經教了客戶好幾年：就連**免費品也要用賣的**。

假設你邀請朋友或同事來聽我的講座。如果我說（我聽過許多人這樣說）：「我的講座很棒，你真該來聽聽看。」接下來就只有兩種可能情況。對方有九成的機率不會現身（就算我的講座是免費的），因為他不了解講座對他有什麼好處（因為我沒有解釋清楚）；而他假如真的現身，那反而更糟糕，因為他只是想取悅我、「幫我一個忙」。也就是說，他會來聽講座，心裡覺得自己是來幫忙充場面、支持我的，這樣我就會很開心。

為什麼這樣對我並不好？因為這位客人只會「盡他的本分」出現，然後遲到早退，根本沒在聽講座的內容，甚至干擾到其他聽眾。最後他甚至會想，既然他這次幫我這個忙，現在我就欠他一次人情了。所以囉，如果你想免費邀請客戶與同事參加活動，我完全支持，但前提是他們要感激你的恩惠。

那他們要怎樣才會感激你？這就要看你的本事了。

你必須向他們解釋有什麼好處，以及為什麼參加你的活動是他們最好的選擇。沒錯，就算活動是免費的，如果你真的很希望他們到場（並且積極參與這個活動），你就要投入時間與心力，說服他們前來。

這就像一本展示中的書，如果讀者不了解它對自己有什麼好處，那麼即使它是免費的，也不會有人拿。

餐廳服務生怎麼知道你想喝什麼？

幾年前，我坐在西班牙馬德里的一家餐廳。隔壁桌有一群嬉鬧的客人剛坐下。服務生走向他們，一邊整理桌面一邊問道：「請問你們想喝紅酒或白酒？」在大家各自點了紅酒或白酒後，服務生就回頭去拿菜單。

我覺得很神奇，因為這群客人根本沒說要喝酒；在服務生詢問之前，他們根本連酒都沒想到！其實服務生的問句是很老練的行銷話術，他**不是問客人要不要喝酒**，而是直接跳到下個問題，**問他們想喝什麼酒**。

這種說服技巧叫做「錨定」（anchoring）。服務生在客人腦中植入「想喝酒」的想法，讓他們覺得理所當然，於是他們就會想著「要喝什麼酒」，而不是「要不要喝酒」。

比方說，你也可以問客人：「你要付現還是刷卡？」這樣一來，客戶就會覺得自己決定要買了，只是要決定付款方式而已。如果你覺得這是在耍詐，那我跟你保證：你自己不想買的話，沒人能逼你買。假如你不喝酒或不想喝酒，那麼即使服務生問得很巧妙，你也不會點酒。錨定可以增加轉換率（照你要求去做的人數），但不會讓所有人都依你的意思去做。服務生只是看到這群客人心情愉快，就順勢推薦適合當下氣氛的產品。

酒保收到的第一筆小費是誰給的？

如果你偶爾會去酒吧小酌，應該對「小費罐」很熟悉。這個罐子放在櫃檯的顯眼處，而你在接受服務或點酒之後，理應會丟幾塊錢到罐子裡（心照不宣）。如果你給的小費很多，酒保就會搖鈴，告訴其他客人你有多大方。

你或許已經發現，無論何時，這個罐子裡面一定有一些錢。你一定從來沒看到罐子空過。

那麼每天晚上，究竟是誰第一個把小費放進罐子裡？

第一位顧客？酒吧老闆？

兩者都不是。答案是——酒保自己。

酒保把罐子放在櫃檯上面後，就立刻從口袋掏幾塊錢放進罐子裡。

這看起來很荒謬——酒保給自己小費？什麼邏輯啊！但這其實是很高招的行銷手法，叫做**社會認同**。

這個原則簡單來說，如果你看到別人做了某件事，就會覺得自己也應該去做。做那件事的人越多，你就越篤定要做。所以當夜晚開始時，假如罐子是空的，就不會有客人願意率先給小費。

很少有人願意當「白老鼠」或率先去做某件事（這是一種即時的下意識思考，而我現在點醒了你），但假如罐子裡已經有一些錢，就算我是當晚的第一位客人（而且也沒人知道自己是不是第一個），我也會很樂意放一些錢到罐子裡。罐子裡的錢越多，我自己就會放進越多錢。

社會認同是非常有說服力的手段，所以如果你希望客戶更容易被說服，就記得向他們提一下其他客戶的行動與實例吧！

為什麼空服員不看你的眼睛？

坐飛機去度假或出差的人，都知道以下流程：

第一，起飛，等待飛機達到飛行高度，在空中取得平衡。

第二，機長跟空服員讀一遍安全指南，並進行飛航簡報。

第三，空服員送上飲料與餐點（晚餐、早餐或輕食——依目的地距離與飛行時數而定）。

第四，**好長一段時間都沒人理你**。

第五，空服員再度送上飲料與餐點，並兜售免稅商品。

第六，準備降落——繫好安全帶，填海關的表格等。

無論任何客機、目的地與時段，都符合以上六個階段。

我說的這些步驟，對你來說都挺符合邏輯的，除了第四階段以外。

你或許會問：「為什麼好長一段時間都沒人理我？我不是付費乘客嗎？」

可是第四階段真的就是這樣（而且你們都有經驗）。此時空服員希望你睡覺、看電影或聽音樂，但最重要的是——盡量別去打擾他們。這樣他們才能好好休息，再井井有條的處理接下來幾個階段。

那麼，他們在第四階段會做什麼？

他們會請你把窗子拉上（以免陽光打擾你與其他人的睡眠）。然後把主客艙的燈關掉（稍微暗示你該睡覺了）。題外話：如果你看過幼兒園小朋友午休，流程也是一樣——關燈、關窗簾、把床墊鋪在地上，小朋友就會自動躺好了。而在第四階段最有可能發生的事，就是空服員不會在客艙走動，所以你不會看到他們。

如果是橫越大西洋的班機，他們可能好幾個小時都不見人影！如果你有急事，就按協助鈕，空服員就會來找你。然後她會快速走過乘客身邊，低著頭，避免眼神接觸。

為什麼？

因為行銷上有一個原則，叫做**看著他，就是在引誘他**。當你直接看著對方的眼睛，就等於在告訴他：你希望他陪伴你，而且想要跟他交流。這是一種愉快、友好的訊息，令我們有賓至如歸的感覺。

當空服員看著我們的眼睛，我們就會立刻想起自己還需要其他東西——問一個問題、要一杯飲料或一包點心之類的。在第四階段的期間，空服員不希望你想起不重要的事，因此他們會避免與你接觸；就算空服員為了工作或服務乘客，而必須經過走道，她也會避免與其他乘客眼神接觸，不讓他們突然想起自己還需要什麼東西。

接著，直到第五階段到來。所有的燈同時亮起，機長跟你報告現況，空服員再度笑臉迎人的四處走動。而你會醒來，回以微笑、吃點東西，扮演好你在這個階段的角色（就像幼兒園老師在起床時間，把小朋友叫起來一樣）。

我的重點是什麼？**客人的預定事項是由你決定的！**

當你提供產品或服務給他們時，你可以「管理」他們，就像他們差遣你一樣——無論是在飛機上、餐廳、電影院、旅館或旅途中。

如果你想跟客人溝通，就看著他們的眼睛，「邀請」他們與你溝通。如果時機不對，你只需躲得越遠越好。如果你在前一個階段有好好滿足客人的需求，大多數人都不會「騷擾」你。因此，你下次度假時可以思考這件事，而最重要的是——你如何在工作或事業中實踐這些原則？

猶太富人的經典語錄

「問題不是我們想知道人們的什麼，而是人們想說出關於他們自己的什麼。」

——馬克．祖克柏，社群網站臉書創辦人，猶太人

第4章

猶太人三長處：正向、厚臉皮、正向厚臉皮

讓我們設想以下這三種狀況，或許你會發現這些事你都碰過。

狀況一：

你來到自己專業領域內的大會，或是商業活動。你被公司派來，或是自己主動前來。你對自己設下的主要目標之一（如果費用是自己出的話，當然更不能空手而回），就是拓展人脈。也就是說，你要盡量多認識一些人，並找出潛在的顧客或事業夥伴。

但現實是：

你大部分時間都站在場邊或咖啡攤附近，整天坐在講堂的同一個座位上，談話對象是跟你一起來的人，或你已經認識的人。

狀況二：

你正在跟顧客談生意。顧客非常投入其中，搞不好這次會面還是他安排的。你熱情洋溢的介紹自己的產品或服務，希望這次會面就談成生意。

但現實是：

談到一半，顧客說了這類的話：「對我來說太貴了」、「我沒興趣」、「我之後再回覆你」、「好吧，再聯絡」，讓這次的會面整個洩氣。

會談結束，你有苦說不出，顯然生意沒談成。於是你自問：「到底是怎麼了？我哪裡做錯了嗎？」

狀況三：

你在一群聽眾面前演講，分享你專業領域內的寶貴內容。有些聽眾非常投入，而當你講完之後，你想提供他們一些額外的活動，例如諮詢、研討會、購買你的產品與服務，或交換聯絡方式。

但現實是：

到了最後一刻，你擔心自己假如向聽眾兜售商品，會引起他們的反感，所以你沒有鼓勵聽眾採取行動。

你離開講堂，自我感覺良好，卻沒有顯著的成果與後續發展。

這三個狀況有什麼共同點？

1. 這三個狀況中，你都沒有完全理解它們的潛力——無論是個人還是事業層次——結果就是你沒得到任何成果。

2. 這三個狀況中，你都立刻正當化自己的行為，找藉口說服自己為什麼不採取不同的行動（而不是說服對方）。

3. **你沒有鼓勵任何人行動！**

如果你想要推銷東西，你就要驅策自己，真心提供這些東西。你要知道，這件事沒有人會幫你！（而且你自己的個人特色、產品與服務內容，也沒有人比你更清楚。）

門口接待員與餐廳服務生的差別在哪裡？

全球各地的商學院都曾教過一種兩難局面：

假設你管理一家公司，必須雇用一位業務員、基層經理或重要的員工。你有兩個選項：

第一，你可以雇用「高貴駿馬」——這種人處事圓融，非常擅長自己會做的事，卻無法或不願意做其他事，也不打算嘗試超乎他能力之外的事。

第二，你也可以雇用「野馬」——這種人很難管理與控制，但是熱情洋溢、動力十足，什麼事都肯做，就算這件事不屬於他的責任或職權。

你想雇用哪一種員工？

根據各項針對全世界大型企業的研究，大多數的管理者都會選擇高貴駿馬，因為他們較有紀律、容易管理、比較不渴望升遷。他們不太主動，也不會逾越自己的職權。

簡言之，這就是不想惹事的主管心中最理想的員工，尤其對公部門或大公司來說。

但我有非常不同的看法。

如果我是主管，必須挑選員工的話，我一定會選野馬。我希望員工與團隊成員在適當時刻挑戰我、批評我；更重要的是，我希望他們有過人的熱情與精力，這樣我就不必每天花時間激勵與說服他們，為什麼要為我努力工作？

而業務員更是如此。

為了銷售成功，你必須有「正向厚臉皮」（positive chutzpa，按：某些猶太人使用的意第緒語，原指有些惱人的態度）——拿起電話**向別人推銷的能力、一再纏住對方的意志力，以及主動跟陌生人攀談的動力**。

「高貴駿馬」絕對不肯做這些事，因為這不是他們的工作；他們做這種事會不舒服；他們不知道怎麼做；他們無法承受被拒絕。然而這些事「野馬」都肯做，因為他們有動力做任何能獲致成功的事！

你去一家豪華餐廳吃飯，接待員會在門口迎接你，但進去之後是服務生在服務你。

你知道接待員跟服務生差在哪裡嗎？

接待員是高貴駿馬，服務生是野馬。

接待員不會向你賣東西，他們的工作就是微笑（通常也要打扮得體），帶領客人進餐廳。他們不需要向你賣東西，因為你都已經來到餐廳門口了。

有時他們甚至會變成「業績殺手」（sales repellents），讓本來已經來到門口的人掉頭離去，前往下一間餐廳（因為接待員沒有迅速現身，或微笑得不夠）。

那麼服務生呢？

服務生是有本事的業務員，因為他們的小費就是看本事而定。他們會鼓勵你點比較貴的品項，一再問你是否需要多點什麼，而且你每點一道菜，他們都會推薦可以搭配的套餐或飲料。簡言之，他們費盡心思想讓你花更多錢，當然也要確保你滿意餐點與服務。

所以，下次你要雇用員工、經理、業務員或甚至外包人員的時候，我建議你選擇野馬。

競爭者的辦公室就在顧客的辦公室前面，你會怎麼做？

二〇一五年上半年，我替一間銀行（它是我諮詢服務的對象）舉辦講座，聽眾都是各分行的經理。

在我的講座開始之前，銀行的行銷副總裁（以前是分行經理）先講了一段開場白，提到每家分行都必須增加企業帳戶的數量。

這位行銷副總裁談到每家分行都要招攬新的企業客戶，然後問分行經理說：「你們有多少人的分行是坐落於商業中心？」

約有一半的聽眾舉起手來。

接著是另一個問題：「你們有多少人的分行是坐落在辦公大樓？」

約有三分之一的人舉起手來。

再來又一個問題：「有人的分行是設在大型商場的嗎？」

剩下的人全都舉手了。

副總裁最後問道：「過去一年來，有沒有人走出分行去看看附近的企業，認識它們，再向它們介紹你們的分行？」

居然沒人舉手。這令我大吃一驚。

為什麼？

因為人們經常把行銷與銷售想得很複雜，所以談到相關技能時，他們覺得「會就是會，不會就是不會」，有些「複雜的機制」會影響顧客，所以你需要極為複雜的「創意思考」。

但事實是，大多數情況都比你想像得簡單很多。以下是你真正需要的東西：

1. **主動。**
2. **勤奮。**
3. **私人交情。**

請想像以下情境：分行經理有一天離開分行，花幾小時四處逛逛，然後「闖進」附近的企業，手拿宣傳素材跟企業老闆談談。

這位經理要花多少成本？

他什麼都沒花。沒有差旅費，宣傳素材是現有的，就連「浪費」掉的時間也極少。

可是當這位經理四處逛逛、稍微「問候」一下這些企業的時候，會產生什麼效果？銀行會瞬間變成活生生的人。分行不再只是孤零零的坐落在一處，而是真正對你的企業有興趣，願意跟你談談，甚至連地點都離你很近，你想什麼時候去都可以。

或許有些企業沒有興趣或時間跟這位經理談話，就算談了，他們也可能不會來這間分行。

然而就統計上來說，分行經理假如造訪了好幾十家、幾百家企業，他一定會招攬到一些客戶的（長、短期皆有）。

附帶一提，行銷副總裁跟我的看法一致。他告訴分行經理說，當他還是分行經理的時候，並沒有社群媒體，不可能利用網路行銷，所以分行經理必須**踏破鐵**

鞋、挨家挨戶的拜訪分行附近的公司，認識潛在客戶、傾聽他們的需求，再鼓勵他們移駕到「隔壁」的分行。

躲在辦公桌與電腦螢幕後面，只處理主動前來分行的人，然後坐等總部主管、廣告商與媒體上的廣告，提供線索幫你增加分行的開戶數——這樣當然輕鬆省事很多。但事實上，即使在數位時代（或者說，正因為是數位時代），企業與人們都還是能感受到私下接觸、主動拜訪、面對面談話的誠意。

我有一位客戶是室內設計師，專長是塑造企業形象。有一次她告訴我，她安排跟一位潛在的大客戶（一家辦公空間很多的連鎖店）見面。當她抵達會面地點，卻發現客戶的總部辦公室正對面，居然是另一位室內設計師的辦公室，而且還掛了一個好大的招牌！

她當然很洩氣，覺得這次的會面沒意義，因為這位客戶可能已經跟競爭者合作了。她自問：為什麼客戶應該跟她合作，而不是正對面那位室內設計師？

可是在會談的時候，她驚訝的發現，客戶根本不認識那位室內設計師，甚至不曉得這一區有室內設計師！

我敢打賭，客戶辦公室對面的那位室內設計師，一定投入很多資源在行銷上，例如網站、臉書粉絲團、Google廣告、小冊子等。但到頭來，有些你想招攬的生意，其實近在眼前。

你只要知道該去哪裡找。

然後主動出擊，見面時說對的話。

而且你必須親自行銷，就算踏破好幾雙鞋也在所不惜！

你辦的第一場講座其實是最輕鬆的，為什麼？

我有許多客戶，已經開始舉辦自己的講座、大會與活動。

這不令人意外，因為有些人當初來找我諮詢，就是為了這方面的問題，而且我也鼓勵客戶要站在「前線」——也就是舞臺上、聽眾與顧客面前。

那麼，挑戰之處在哪裡？第一場講座。

我發現我的客戶在**準備自己的第一場大會或講座時，都抱持著一種心態：他**

們害怕沒有人來。

在第一場大會前，你害怕沒人對你提供的內容感興趣。你害怕自己努力準備講座與大會，到最後卻只有極少數人出席。

這種恐懼令你非常憂慮，有時會讓你整個人傻住。最糟糕的是，你甚至會直接打退堂鼓！

假如我害怕沒有人來，我就會一再延後自己的第一場講座，甚至直接放棄！因此我總是告訴那些客戶（現在我也要告訴你）：你對於沒有人出席的恐懼，其實一直都在。每個藝術家、演講者、行銷人員、舉辦造勢活動的政治人物、舉辦商業大會的公司，都有體驗過這種恐懼。

但是，你的第一場講座其實是最輕鬆的！

因為你向客戶與你認識的人推銷第一場講座時，他們有許多人都會來捧場，因為他們跟你有私交；也有許多人是出於好奇心想來聽看看。此外你會發現，其實有許多人很尊敬你的專業，早就想聽聽你對這個領域的高見。

其實第二、三、四場講座，反而比較難宣傳。

為什麼？

你的第一場講座會有「第一圈」、「第二圈」的人（也就是你最親近的親友，以及你最忠實的客戶）來捧場。可是接下來的幾場講座，你就要吸引「第三圈」、「第四圈」的人……依此類推，包括你不認識的人。這才是真正的大挑戰。

所以，我在此要傳達的訊息很簡單：辦下去就對了！

為你的第一場大會或講座訂下日期，開始把你的訊息傳達給全世界吧！

在我們這個高度競爭、數位化與全球化的時代，如果你的聲音與專業沒有被人聽見，那你一定撐不了多久。

關於顧客關係，小孩有什麼事情比我們還懂？

二〇一四年六月，我那兩個可愛的小孩（當然也是猶太人）諾安（當時五歲半）與尤亞夫（當時三歲），正在家裡跟朋友一起玩。

他們扮演餐廳的服務生與客人。諾安是客人、尤亞夫是服務生、他們的朋友是餐廳老闆（「餐廳」其實是他們的房間）。諾安（客人）站在房間門口，尤亞夫（服務生）坐著看向他。然後朋友（老闆）用很嚴肅的口氣跟尤亞夫說：

「過去問他要不要進來！別等他自己進來，你一定要問他！」

我剛好目睹這個狀況，覺得很好笑。不過我也很驚訝，他們的朋友居然具備如此基本且重要的技能，並且出色的展現給他們看：

1. **採取主動。**
2. **鼓勵別人行動。**
3. **主導與引領對話。**

別等客人自己進來（有些人可能只是瞄一下就走了），邀他們進來就對了！對小孩來說如此簡單，對大人來說卻如此複雜！

隨著年紀漸長，簡單的事對我們而言似乎變得複雜了。

「我不想打擾客人。」、「我不想聽起來很急的樣子。」

這些都是胡扯。說服別人的關鍵就是採取主動。你必須成為服務流程背後的驅動力，鼓動別人，主動開啟對話，而不是被動等對方回應。

「壞」消息是，你必須持續掌握事態的變化。你時時刻刻都必須行銷、採取主動，並持續改善自己。

好消息是，有清楚的公式與技巧可以幫你做好這些事。而你只要長期持續做好這些事，保證能成功擄獲顧客與其他人的心。

搞砸了，接下來你最好做什麼事？

在公眾演說家之間盛傳一句話：「**你的評價只看你最近那一場**講座。」意思是，聽眾只記得他們最後一次看到你時的表現，然後藉此評斷你。而這樣有好有壞。

壞處：假設你舉辦一個研討會，共分為四場。前三場你表現極佳，但第四場就不怎麼出色，結果參加者只會記得你最後搞砸那一場。沒錯，人的記憶力真的很差。聽眾的要求非常高，甚至到了難搞的地步。

好處：假設你在某處舉辦講座，表現欠佳，但之後你立刻在別處舉辦另一場講座。這就是你重新開始的機會，提供聽眾「修正過」的體驗。

附帶一提，無論哪位演講者，每隔幾場講座之後，總會有一場表現不好。這有可能是外部狀況使然，例如聽眾對主題沒興趣，或者之前有不好的體驗。但也有可能與你有關：疲勞、無精打采，或是講座開始前接到一通電話，讓你心情變差之類的。

而優秀的演講者與普通的演講者，就有以下兩種差別：

第一，你表現不佳的比例有多高？

優秀的演講者表現不佳的比例是五％（每二十場就有一場）。好的演講者表現不佳的比例是二〇％（每五場就有一場）。至於普通演講者的比例則是五〇％（每兩場就有一場）。

我們都是人，都有不順心的時候。但你必須大幅縮短狀況不佳的期間。

第二，講座搞砸之後，你會做什麼？

我的經驗是最好盡快再講一場。

有時你可能已經排好下一場了（你可能一天要講三場，聽眾都不同），但有時候，你要替自己創造逆轉的局面。

以專業觀點來說，最重要的是**盡快創造「修正後的體驗」**，這樣你才能重回正軌，而不會沉溺於講座失敗所造成的沮喪心情中。

為什麼我的二兒子比大兒子更有說服力？

之前有提到，我有兩個可愛的兒子，老大是諾安，老二是尤亞夫。他們兩個都很可愛、有趣、活力十足，還有一點調皮（當然，身為父親的我是完全客觀的）。

但我發現一個有趣的現象：老二尤亞夫比老大諾安更有說服力！

尤亞夫比較懂得「長袖善舞」、「判斷局勢」、輕鬆做自己，所以他跟大家都比較好相處。

如果我是「說服力博士」，諾安是「說服力博士後研究」，那麼尤亞夫絕對是「說服力教授」！

我問自己：為什麼？

為什麼我的二兒子比較有說服力？為什麼他比較擅長人際溝通？

經過一番深思後，我的答案是：因為他必須如此！

排行老二的小孩，打從一開始面對的現實就不同。

大兒子不必努力，就能立刻獲得周遭親友的關注，但二兒子出生的時候，哥哥已經先獲得大量關注了；如果他不努力走出自己的路，就無法獲得與哥哥同等的關注。

於是他一邊適應，一邊學習怎麼克服這個充滿挑戰的環境。

而我的大兒子還待在舒適圈裡，需要覺醒過來；他還沒察覺情勢已經改變，所以他也必須適應。

換句話說，二兒子的**成功關鍵在於飢渴**。

這對他來說並不容易。**他必須努力才能得到自己想要的事物**。

人生也是如此：無論事業還是個人層次，如果想成功的話，你就必須「真的很想成功」，好好努力、保持飢渴的心態，並且了解到，你自己不努力爭取的事物，沒有人會奉送給你。

你不一定要在悲苦、窮困的局面，或在充滿挑戰、孤立無援的環境中才能磨練這種心態。

這種飢渴感是可以發自內心的——它是一種內在的熱情，讓你想要「征服世界」，並且精益求精。

而且它不分年齡。

事實上，有些大人也會經歷我兒子的遭遇。

因為過了四、五十歲之後，假如你辭職、被開除、退休或被迫退休，你會第一次發現到世界真是冷酷，寄出去的履歷表數目都可以出國參加比賽了。

那你該怎麼辦？

你可以難過、生氣，把你的家人、積蓄全部拖垮。

但假如你渴望成功，你就可以掌控自己的命運。就算你有一些劣勢，也可以把它們化為優勢！

就拿年齡問題來說好了。我會替客戶準備求職面試與公部門的招標內容，而每次看到有人因為年紀而失去希望的時候（無論他們幾歲），總是令我很吃驚。

剛畢業的年輕人問我：「他們為什麼要雇用我？我才剛畢業而已，沒有相關經驗。他們總是喜歡有經驗的人。」

剛過四十五歲的人問我：「他們為什麼要雇用我？我已經老了，要求的薪資對他們來說可能太高。人力市場比較喜歡大學新鮮人。」

所以，這是你的心態問題：你永遠都要正向思考，並持續說服自己：你能夠成功。如果你覺得年紀是劣勢，那就把它化為優勢。

雖然年輕畢業生確實缺乏經驗，但大部分都跟得上時代、研究過某領域中最新的資訊、渴望成功與獲得經驗、尚未被上一份工作所「摧殘」。這就是他們的賣點。

年紀大的人的確「比較貴」，但經驗豐富。他們該犯的錯之前都犯過了，也改正了。他們的小孩已經長大成人，所以不必去參加學校的典禮，也就不會太常請假。他們會感激自己得到的機會，因此不會為了一點點錢而跳槽。

如果你渴望成功、態度正確、保持耐心，並傳達正確的訊息，那你不成功才奇怪。

想讓未來的雇主考慮用你，你會先做什麼事？

二〇一三年上半年，我參加了一場在美國加州舉辦的大會。有天晚上，我遇到一位住在矽谷的朋友，他當時正在找工作。

這位朋友好幾年來，持續密切關注我的著作與言論，他請我詳細解釋「專家產業」（亦即我所處的產業）是怎麼運作的。

我大致跟他解釋說（如果你想聽完整的解釋，請務必來參加我的大會與研討會），這個產業的人都把自己塑造成特定領域的專家來行銷自己；他們非常擅長這個領域，比大多數人更有優勢。

接著我又補充說，如果想在某個領域內成功，你的專業知識最好是非傳統的生活技能。

換言之，就是對我們人類來說非常重要的領域，像是事業上的成功、創造充裕的財富、尋求真愛、發展優秀的人際關係、過著健康平靜的人生、替戀情加溫、鍛鍊我們的身體等。

上述這些事情的共同點，就是**我們的正規教育都沒有教**。

這就是「專家產業」的市場所在，因為它就像一門「校外選修課」。

我朋友專心聽我解釋，而且他是第一次聽到這些事。

接著我問他工作找得怎樣。他不到四十歲，但是履歷和經驗都很亮眼。

我本來以為他會談自己的面試情況，或是打了哪些電話、寄了哪些電郵之類的事，沒想到他居然說：

「我已經發表了幾篇文章，部落格已經準備就緒，網站還在架設中。」

「你說什麼？」我訝異的問道：「像你這麼資深的正職員工，為什麼需要架設部落格跟網站？」

我朋友解釋說，因為最近人力市場競爭激烈，越來越多人看到任何職缺都想搶，所以你除了投履歷，還要做點別的事，並希望有好結果。他又說，你必須為自己定義專業領域，打造自己的「專業名片」，突顯你至今在這個領域內發展的特色與活動。因此為了要在這個專業領域中脫穎而出，你必須：

1. 架設部落格與網站，分享這個專業領域的訊息。
2. 寫文章分析該領域的市場局勢，並將其發表於該領域知名的報紙、期刊或網站。
3. 回覆別人寫的文章，並提供專業意見。

唯有這樣，你才能成為該領域的「意見領袖」。所以除了履歷表，你也可以把自己的網站、部落格與文章連結，寄給你未來的雇主。

在矽谷，當雇主收到你的求職履歷後，第一件事是看看你在網路上的表現，並從你發表的內容當中，了解你的專業特質。你的資訊必須讓他們滿意，並且激起他們的興趣與好奇心，他們才會進一步邀請你面試。

「你剛剛講的這些，就是我們『專家產業』在做的事情啊！」我跟朋友說：「你都已經在做了，根本不必問我！」

我不禁心想：原來專家產業已經觸及人力市場了，真令人驚訝！**沒有替自己創造「專業領域」、「差異化」、「品牌」、「虛擬身分」的人，以及還在透過電郵投履歷的人，都還活在上一個世紀，**他們在今日競爭激烈的市場中，是很難找到工作的。

以色列國防軍禁用簡報軟體，為什麼？

二〇〇五年，以色列國防軍的參謀長對全軍下令，除了一些高階將領會議與特定情況之外，禁止在簡報與調查期間使用簡報軟體（PowerPoint）。

他為什麼要下這種全面性的命令？

因為以色列軍方已經養成一種習慣：士兵與將領會準備詳盡的PowerPoint簡

報，而且花樣百出（顏色、閃光、圖片、動畫），結果重點都被這些不重要的裝飾給掩蓋了。

簡報的用意是什麼？就是讓大家聽懂你想傳達的訊息，然後妥當、有效率的實行之。

那麼，調查的用意是什麼？

就是讓大家學到教訓與結論並將其內化，為了未來保留必要且實用的知識，這樣才能改善在過去沒有做好的事。

這才是重點。

但假如你專注在簡報資料的品質，就會讓「背景」變成重點，重要訊息反而被掩蓋了。

這也是我為什麼會時時告誡我的客戶：**重點在於演講者**，而不是簡報資料的品質！

如果大家忙著讀你的簡報，注意力全都放在閃爍特效與動態圖片上，他們就無法理解與整合你的訊息。

然而更糟的是，簡報人的專業形象也會受損，因為聽眾會覺得這個人不夠專業、切題、有趣。

因此，簡報必須包含你的關鍵訊息，而你也必須成為簡報的中心。

猶太富人的經典語錄

「我從未聽過有人因為沒有打擾別人、沒有採取行動，或要等別人下令才做事而受到讚揚的。」

——洛克斐勒，石油大亨，猶太人

第5章

教育你的顧客，而非討好

我們先拿一個簡單的產品當例子。

假設你在賣電漿螢幕。你開了一家電器行，但同一條街上還有其他電器行，而且也有賣電漿螢幕。

我是走進店裡的客人。一位銷售員朝我走來，向我介紹我正在端詳的電視：「你看，這個螢幕的解析度多高，畫面多漂亮！它有多少多少畫素……。」（我只是為了舉例隨便掰的。）

我不是電視螢幕專家，不太懂「畫素」之類的術語。換言之，銷售員向我推銷這個螢幕，我卻看不出它的解析度到底有多棒。

假如客人不懂你的專業優勢在哪裡，卻必須決定跟誰買的時候，他們會考慮什麼？當然是價錢。

我心想：「我還真不曉得這臺電視跟隔壁家那臺有什麼差別，但我懂價格。這裡賣三百美元，隔壁賣兩百美元，所以我去隔壁買好了。」

客人如果不了解你的價值，你就陷入了「價格市場」中，唯一重要的事就是誰賣得比較便宜。在價格市場中，每個人都會以損失作收——當然你跟競爭者都有損失；但我想強調的是，客人也有損失，因為到了最後，有些廠商會倒閉，導致市場內產品與服務的品質下降。

如何「教育」你的市場向你買東西，而不跟競爭者買？

我們再來看看另一個狀況。

假設你還是電器行老闆，親自寫了一份免費指南，標題是「為客廳挑選電漿螢幕的十個祕訣」。你印了幾十份或幾百份，然後親手拿給上門的客人。除此之外，你還把這份指南張貼在這家店的臉書頁面，或是透過電郵將它寄給所有客人。

這些動作其實很簡單，頂多花你幾個工作天而已，況且你已經知道該寫什麼，只差沒有把它寫出來而已。

接下來就有趣了：現在會發生什麼事呢？

首先，你已經跟其他店家做出了差異。

為什麼？你現在已經**被客人當成「專家」**，因為你寫了一份專業指南，還做了競爭者沒做的事。根據我自己跟其他人的經驗，當你端出專業的「資訊產品」，你的權威指數就會立刻三級跳。

第二，你**大幅拓展了自己的「病毒式」市場**，因為你的客人會四處傳閱你的指南——有現代科技協助，這對他們來說輕而易舉；他們可以在臉書分享，或是寄信給想買電視的朋友。

第三，你**鼓勵大家來光顧你的店**。因為你的指南每一頁（包括封面與封底）都印了店面的地址、電子信箱與電話號碼，這樣大家讀完指南之後，就知道該去哪裡光顧你的店。

第四，也是最重要的一點，你在**教育你的市場**。

假設你的相對優勢是電漿螢幕的高解析度，那麼你這本《為客廳挑選電漿螢幕的十個祕訣》的第一個祕訣是什麼？

很顯然是：「根據解析度高低來挑選電漿螢幕。」

你必須加入一些提示或段落，教大家哪些螢幕有高解析度，哪些又沒有？大家要觀察螢幕的哪個部分，才能知道畫面清不清晰？

當客人讀完指南後再走進你的店，他們就已經是「教育程度較高的顧客」。他們知道要看螢幕的哪個部分，更加理解銷售員的專業解釋，也曉得你的電視真的有高解析度。

一旦客人知道他們能獲得什麼價值，就會跟你買而不跟其他人買！

更重要的是，就算你的競爭者賣得比較便宜，客人還是願意多花點錢跟你買。換句話說，那份指南將你帶入了「價值市場」，而不是「價格市場」。更棒的是，這些客人會變成你的忠實「大使」，因為他們看了指南之後會比較記得你，也很感謝你花心思教他們這些事。

但你也知道，當我出席電器展（我偶爾會去一下，因為我有跟大型連鎖電器行合作），向電器行老闆建議上述概念的時候，一大堆人可能會這樣回應我：

「我們店裡不是這樣做的。客人走進來，我們才向他說明，他再決定自己要不要買。」

「我們的客人不一樣。我們所在的市場都是以價格為基礎。」

「你說的或許適用於其他市場，但在我們的市場行不通。」

可是，這些話都是錯的！

「市場教育」是行銷上的熱門趨勢之一，也是現今所有產業、市場與領域的首要特質。

所以，你身在何處？

你想處在「價值市場」，享有專業知名度與高價，還是想處在「價格市場」，跟競爭者一樣只會降價？

顧客離你而去的第一理由是什麼？

什麼情況會使客人明明滿意我們的產品或服務，卻離我們而去？

什麼情況會讓公司明明沒有因為客訴而虧損，卻開始解雇員工進行縮編？

什麼情況會讓銀行存款嚴重透支的人，決定取消健身房會員或停掉小孩的課後活動，卻死也不停掉手機或第四臺？

答案取決於這項產品或服務的必要性。

產品與服務大致可分為兩大類——「一定要有」跟「有這個還不錯」。換言之，一種是我必須擁有的產品與服務，另一種是我不一定要擁有，但真的有的話也不錯。

當然這個分類並不是二分法。有些產品與服務，對我們來說既是必要的，也是想要的。另一方面，有些產品與服務我們很樂意擁有，但我們沒有足夠的時間、金錢、閒暇或精力去擁有它們；如果要擁有它們，我們就要犧牲掉更重要的事物。因此這一類的產品與服務，就算我們覺得有必要，也還是不敢擁有。

至於這類產品與服務有哪些，每個人的狀況都不一樣。

而且我們覺得「一定要」的東西，不一定是真正「必要」的。

我怎麼知道？因為根據研究顯示，我們的日常開銷，絕大部分都是花在二十年前不存在的產品與服務上！

想想看：二十至二十五年前（歲月不饒人啊！）沒有網路、手機、電漿電視，大多數的食品、交通工具與服飾品牌都尚未問世。而且你相信嗎？我們沒有它們也能過得很好！

至少我記得是這樣；畢竟這已經是二十幾年前的事了……。

現在有些人覺得手機或臉書是「一定要」的東西，就算他們長期透支，也絕對不想停掉手機或臉書。這不是因為他們沒有這些東西活不下去，而是他們已經習慣了這些產品、對它們上癮，也了解它們會帶來什麼好處；而且還有人持續以極高效率的方式，對他們行銷這些東西！

因此，假如有顧客說他沒錢買你的東西，或者有公司說他們沒有預算跟你合作或繼續雇用你，這全是在胡扯！他們不但有錢，而且一天到晚都在花錢！

只不過，他們把錢花在更重要的事物，或是更必要的員工上。

而你呢？你只是「有這個還不錯」，而不是「一定要有」的類型！

那麼，該怎麼解決這個問題？

把你的產品、服務（或你自己），變成對顧客而言絕對必要的事物！

好好解釋你在做什麼或賣什麼。

跟顧客談談他們能得到什麼利益。

向顧客說清楚，假如**不跟你合作的話會付出什麼「犯錯的代價」**，讓他們知道如果沒有你，他們在個人、專業或事業層面（看你提供什麼產品或服務）就會蒙受損失。

為什麼人會再三重複花錢做同樣的活動？

你曾經把一本書讀過兩遍以上嗎？可能有。而且你一輩子當中，應該有許多書都讀過兩遍以上。假如你很喜歡那本書，應該會讀好幾次。

你喜歡的電影也一樣——無論是劇情片、浪漫喜劇還是動作片。有些電影你這輩子大概已經看過好幾十次了。

問題在於：為什麼？這本書跟你讀過的是同一本，內容也跟之前一樣。電影也是你之前看過的那一部啊？

那為什麼我們一部電影會看好幾次，甚至還重新買票去電影院「刷」了好幾回（沒錯，許多人都做過這種事）？

答案是：電影跟書沒有變，而是你變了！

每次當你再度體驗某件事的時候，你的體驗角度都會截然不同。

這有兩個原因：

第一，某些資訊你已經在第一次就先吸收過了，因此你會有更多空間去接收新資訊。

第二，跟前一次相比，你的悟性、成熟度與智慧已經是完全不同的層次（尤其是跟上次隔了幾個月或幾年的時候）。

我在最近幾次大會上，也注意到類似的現象。我舉辦的每一場大會，都至少有幾個人參加過與之前主題雷同的大會；但他們還是再度買票參加。我問他們為什麼同樣的大會要來兩、三次，而答案每一次都差不多：

「今天我有耳目一新的感覺！」

「你的笑話我背得滾瓜爛熟，但每次聽你講我還是會笑。」

「很多事你上次說過了，我卻好像第一次聽到！」
「我到現在才聽懂你在講什麼。」
「這次我不只注意聽你講什麼，還聽你是怎麼講的。」
結論：如果你喜愛自己體驗的事物，就不可能只體驗一次。反覆為之，你就能磨練自己的專業技能，並再度樂在其中，以全新的角度體驗它。

柯林頓是怎麼選上美國總統的？

比爾．柯林頓（Bill Clinton，美國最重用猶太人的總統，高級幕僚竟有四二%是猶太人）這位美國前總統，有一個地方很特別。

他的故事要從一九六〇年代說起。當時他是十六歲的高中生，前去造訪白宮，還見到了當時的總統甘迺迪（John Fitzgerald Kennedy）。從那時起他就立志要當美國總統。

接下來數十年，他跟任何人見面後都會準備一張字卡（無論政壇上還是日常生活）。字卡上會寫著這個人是誰、他太太叫什麼名字、他的職業是什麼、在哪裡認識他的……之類的訊息。然後，他會將這些字卡依照字母排列放在木盒裡，再把木盒堆在桌子上。

一九九〇年代初期，柯林頓在總統選舉造勢時有一個習慣：每次拜會別人之前，他會跟競選團隊一起翻字卡，看看等一下要見的人是誰。

接著在會面時，他會在眾人面前看向一位支持者，然後隨口說道：「嗨，喬治！你最近好嗎？你太太蘇西呢？今年漁獲量怎麼樣？」

他跟喬治已經好幾年沒見面，怎麼會知道這些細節？因為都寫在字卡上。

這個習慣聽起來很稀鬆平常，但管他是喬治、約翰、瑪莉或貝蒂，這些人全都被唬得一愣一楞的。

柯林頓如此問候他們的個人生活（**創造情感經驗**），**令他們非常感動**，而且還會**到處跟熟人說柯林頓態度親切（病毒式行銷）**；除此之外，他們一定會投給**柯林頓！**

他們甚至還會自發性的開車載人去投票——當然也是投給柯林頓！

這就叫做**鼓勵別人行動**。

而柯林頓很會這一招。

為什麼我們會請服務生推薦菜色？

你可能很熟悉以下情況：

你走進一家沒來過的餐廳，拿起菜單快速掃視了一番，然後問服務生說：「你們推薦什麼菜？」

有時我們會給服務生大略的方向，例如「你們有什麼沙拉？」或「我想吃肉，你們有好吃的嗎？」但一般來說，我們是請服務生替我們選一、兩道菜，而且我們幾乎都會接受他們的建議。

問題在於：為什麼？

為什麼我們讓服務生替我們選擇？他們通常只是高中生或大學生，比我們年輕許多。

為什麼我們把自己的責任轉嫁給別人？

為什麼我們希望別人替我們決定娛樂活動（此例為吃飯）的樂趣？

為什麼我們讓握有利益的人（服務生代表餐廳）替我們決定要付多少錢？

這問題很有趣對吧？

答案揭曉：

在餐廳裡，我們覺得**服務生是專家**！

他比我們更了解菜單，看過其他客人點什麼，也多少知道我們這種年齡與地位的人，適合什麼樣的菜。他光是知道上述這些資訊，就已經遠比我們更了解這家餐廳了。

無論哪個領域，我們請教專家是希望得到什麼？

第一，我們想要他們的獨特觀點，也就是**他們怎麼看事情**。

我們想知道服務生對於菜單上各式菜色的看法。雖然我們也可以自己讀菜單並形成意見，但我們還是很想知道專家的意見是什麼。

第二，我們想要**縮短學習曲線**。

我們總是想盡快做決定，而且這個決定要正確、方便、值回票價（以此例來說就是菜色好吃）。

所以我們有兩個選項。

我們可以研究整份菜單，親自試驗，點幾道菜之後才知道哪些好吃。但這樣會花費我們的時間與金錢，也浪費我們的精力。

或者，我們可以請教專家，聽他的專業意見，這樣我們第一次就做出最佳決定（挑對菜色）的機率就會提高。

結論：就算你絕頂聰明或經驗老道，有些領域你還是沒那麼懂。

而在你不太懂的領域，為了節省時間、金錢與精力，以及縮短學習曲線，你必須請教專家。

為什麼客房清潔人員會對你微笑？

二〇一三年五月，我在美國跟同事一起受訓。

我們在一家旅館住了幾晚之後，去大廳辦理退房，準備前往下個目的地。

我們拖著行李往大廳走去，途中看到一位清潔人員，正在打掃同一層樓的另一間房間。

她朝我們微笑，並說道：「下次再見！祝你們旅途愉快，感謝你們入住！」

我們也回以微笑並感謝她，順便稱讚一下這間旅館。

接下來幾個小時，她的那句話在我腦海中迴盪，而我忍不住心想：「這間旅館的服務真是太棒了！」

這間旅館是大型連鎖的其中一間，那位清潔人員沒跟我們直接接觸，我們也沒有找她幫忙，就只是碰巧遇到而已。但她還是微笑問候我們，並表達她的感激之情。

她說的話聽起來好像短短的、沒什麼大不了，但以下是這句話的重點所在：

第一，她讓我們帶著微笑離開旅館。而身為客人，我們得到了更好的「購買經驗」。

第二，她讓我們知道，就連公司最基層的員工，都覺得照顧房客是他們的「責任」。

第三，她鼓舞了自己！

因為她向我們微笑的那一刻，我們會回以她微笑、跟她說話——也就是注意到她！

坦白說，當你經過基層服務人員的時候（無論在餐廳、電影院、活動會場或機場），有幾次是把他們當空氣的？

我們幾乎都是這樣，但這並非代表我們很難搞。我們是真的沒看到他們。

但那位**清潔人員問候我們**，**起碼就讓我們看見她了**！

而且這樣對她也有好處：在我們的眼中，以及她自己的眼中（重點！），她的重要性與價值都增加了。

每次我去美國，基層服務人員（旅館、餐廳、會館）的服務水準總是令我很驚喜。你以為他們會安靜、有效率的工作，不太會留意客人。

美國企業一向以服務至上，所有服務人員（包括最基層的，例如服務生、空服員、門房），都把自己工作視為專業，並引以為傲。

研究顯示，美國有許多基層服務人員都會待在工作崗位好幾年，並且真心認為自己是專業人士。而你在歐洲（尤其是義大利與西班牙等國家）也會發現同樣的現象（比方說，歐洲大多數的服務生都超過四十歲）。當你真心認為自己的工作是專業，你就會尊重自己的工作，並認為自己長期以來都是組織的一分子。

就算你才剛起步，邁向成功之路上的每一步或每個職位，你都要把它當成你當時最重要的工作；人生當中每個階段對你的成功而言，應該都是至關重要的（即使你已經想換工作），所以無論處於什麼情境，你都要讓你接觸的人感到快樂、受到鼓舞。

就像那位清潔人員一樣，當她對我微笑的時候，不只令我精神一振，同時也是在鼓勵她自己。

猶太富人的經典語錄

「你若不懂得笑，就千萬別開店。」

——猶太諺語

第6章

人最難抗拒同儕壓力與社會證據

坦白說，我自己沒做過任何網路行銷。

不過，我陪伴過幾十位做過網路行銷的私人客戶，也提供建議給運用網路行銷的大公司。結果我發現一件非常有趣的事：

搞網路行銷的人，多半都沒靠它賺到多少錢。

有些人甚至無法回收初期的投資，也有些人遭受了慘痛的經驗。

為什麼大多數人的網路行銷都失敗了？

我總是自問：為什麼？為什麼從事網路行銷的人，即使產品不錯、行銷手法也還可以，卻無法完全發揮其商業潛力呢？

我覺得答案是因為他們不知道要賣給誰，也不知道怎麼賣！

有些參加網路行銷企畫的人，對自己的點子、夢想與產品感到非常興奮，於是他們進了一點貨之後就開張了。

可是接下來，他們不知道要接觸誰。

因為從來沒人教他們行銷策略、市場區隔、界定目標族群、將訊息與顧客媒合之類的重要知識。

那他們該怎麼辦？只好先從自己的周遭下手——家人、朋友、鄰居、同一個小鎮或市郊的居民，因為他們只能找到這些人！

可是這個產品一點都不適合這群受眾，更糟的是賣方也不知道怎麼賣。因為從來沒人教他們「軟銷售」（soft selling），例如說故事、談「顧客利益」、發揮幽默感、舉例之類的。**軟銷售的意思是，你一開始先別賣東西，只要跟顧客講故事就好**，之後他們就會跟你買產品或服務（希望如此）。而我覺得真實案例比虛構故事，更能支持你的產品與服務。

這不算是「正式」的銷售情境，因為你還沒認真跟對方介紹你自己、產品與服務。在正式的局面下，客戶的防備心通常都很重，會審視你的每一句話。而在軟銷售的局面下，你可以與顧客發展對話，並溫和的讓他們知道，你的產品與服務有什麼好處。人們當然想買東西，但他們不想「被賣東西」，或是被強迫買某件東西。因此你要透過故事來傳遞訊息，讓顧客覺得購買你的產品或服務，是他們自己的決定。

許多網路行銷創業家不懂這個方法，所以他們憑直覺——也就是採取「硬銷售」，一種具備攻擊性與威脅性的惱人銷售技巧。他們並不喜歡這樣做，只是不知道有其他方法。

他們不知道要賣給誰，也不知道怎麼賣，因此在流程中蒙受了雙重損失——第一，他們的銷量不佳（或根本沒銷量）；第二，他們毀掉了自己與最親近的人（家人、朋友、鄰居）之間的關係，因為他們試著「硬推」對方去買他們並不需要的東西！

你可能會說：「可是有人網路行銷很成功，賺了很多錢啊？」

沒錯，有些人的網路行銷很成功，但我認識這些人之後，才發現一個祕密：他們在其他任何領域，也都會成功！

因為他們握有任何領域共通的成功之道：優秀的人際溝通技巧，以及激發、鼓勵別人行動的能力。而且他們也很有說服力，是非常優秀的公眾演說家。

結論：成功與否與你所處的領域（例如網路行銷）無關，**生活技能與修辭能**

力才是重點。

此外，你必須把東西賣給適合的人，而且一定要使用軟銷售的手法。

競爭者會增加你的銷量！有沒有搞錯？

基督教小鎮裡頭有一座中央教堂，每個星期日鎮民都聚在這裡做禮拜。教堂入口有兩位銷售員，一位賣十字架，另一位賣大衛星（按：Star of David，猶太教的標誌）。

上教堂的人看著他們兩個人，然後立刻買了十字架，再走進教堂禱告。

有一天，有人同情那位賣大衛星的仁兄，於是跟他說：

「聽好，我不知道你有沒有發現，鎮上所有人都是基督徒，半個猶太人都沒有！你的大衛星一定賣不出去，我建議你到另一個小鎮試試看吧。」

那個人一走，賣大衛星的人就對賣十字架的人笑著說道：

「我的教友啊，你看到了嗎？他居然想教我們做生意！」

這個故事包含了一個非常重要的行銷原則，叫做「對立行銷」（oppositional marketing）。

也就是說，你購買產品或服務，**並不一定是因為你想要或需要它；通常是因為你想在市場中「選邊站」**，然後對抗另一邊。

還有一個對立行銷的例子你可能很熟悉，就是足球員梅西（Lionel Messi）對C羅（Cristiano Ronaldo）。

這兩位足球員都是國際巨星，而且公開較勁的意味濃厚（其實多半都是體育評論員與行銷專家在炒作的，兩人之間倒沒有恩怨），結果兩人的球衣銷量與廣告量都大幅增加。

所有領域都有競爭。有時競爭很嚴酷，但你要懂得借助它，使其有利於你，並利用它來增加銷量。別說競爭者的壞話；事實上能不提他們最好。你該專注的地方，是做出有別於其他競爭者的差異，以及解釋你在這個專業領域有什麼相對優勢。

你生日的時候最不想去哪裡？

幾年前，美國有一間修車廠想出一招很棒的行銷手法。一整年間，他們在每位顧客生日的前幾天，寄給他們汽車保養的折價券。

收到折價券的人，若於生日當天開車到保養廠並出示折價券，可享有車輛年度保養五折優惠。這折扣還真不小。

這個促銷活動很高明。它打動人心，給老顧客很大的優惠，創造出病毒式的效應（口碑），還鼓勵顧客行動。

理論上，這個活動應該非常成功才對。

只不過，修車廠老闆忽略了一個小小的問題：

哪有人生日會想去修車廠的？

換句話說，如果折價券是用在餐廳、電影或主題樂園，顧客就會想在生日時使用。

可是在你生日的時候，把車子開去保養一整天？你是認真的嗎？生日應該可以過得更有趣一點吧！

顧客也是這樣想的——生日當天真的持券來保養車子的人，不到一%。而有些人過了幾天之後才來，才發現要支付原價，心裡是既驚訝又失望！

比較好的做法，是發送同樣的折價券，但是讓顧客可以在生日前幾天或後幾天使用。修車廠可以說這張折價券適用於「生日當週」甚至「生日當月」，而不是限定在生日當天（這實在錯得離譜）。

所以，結論是什麼？你永遠都要考量顧客的需求與利益，而你的行銷計畫與訊息，都必須符合這些需求與利益。

機場免稅店真正賣的是什麼？

任何搭過飛機、逛過機場的人，可能會注意到一個有趣的現象：全世界每個機場都賣一樣的東西！

雖然有些商品你在別的機場買不到，但所有機場一定會賣這些東西：巧克力、香水、鬚後水、古龍水與其他盥洗用品、葡萄酒與威士忌、花、玩具、專為小孩設計的遊戲、書籍等。

為什麼機場賣這些東西，而不賣別的？

答案不在於商品本身，而在於我們購買它們的理由。

有研究顯示，人們花時間出國旅遊或**旅遊完回國後，最先體驗到的情緒是罪惡感**。

沒錯，罪惡感！

想想看：假設你們是一對有小孩的夫妻。你們留小孩自己看家（或有爺爺奶奶陪他們），然後兩人去浪漫度假。

回程的時候，你難道不想補償他們嗎？而且你爸媽還幫你帶小孩，當然要表示一點心意。

或者，假設你是出差的商務人士，把太太跟小孩留在家裡。你已經好幾天沒看到他們了。況且你偶爾還有機會「逃離」一下，她卻擺脫不了日常苦差事。你難道不會感到歉疚？一定會的！

於是，**機場免稅店來拯救你了**。它所提供的商品，剛好讓你用來補償上述這些人。

高檔名酒與巧克力、精品香水、奢華珠寶，還有給小孩玩的遊戲。

更重要的是，機場內賣的商品多半都比機場外還貴，並沒有「免稅店比較便宜」這回事。

那我們為什麼還是會在免稅店買東西呢？因為我們需要。購買的背後是有理由的。

當我們有罪惡感時，就願意付更多錢。

因此，假如你想提升產品與服務的銷量與價格，就想想看顧客有什麼動機，以及他們在情感上有什麼理由跟你買。

不送花或巧克力給另一半，就不算真的愛他！

每年國曆的二月十四號，西方國家都在慶祝聖瓦倫丁節——也就是基督教的情人節。

其實情人節本來是紀念三位聖人之死，他們剛好都叫做瓦倫丁（Valentine）。根據基督教的傳說，羅馬皇帝克勞狄二世（Claudius II）統治期間，其中一位瓦倫丁根據基督教的律法讓一對情侶成婚，而遭到處死。最後他成為情侶的主保聖人，因此以他為名的節日的傳統慶祝方式，就是情侶與朋友之間互訴愛意。

我很喜歡各種形式的愛（例如戀愛或生活中向他人表示的愛），而且每次有機會慶祝某件事並度過一段好時光，也讓我很開心。

但我身為搞行銷的人，每年看到消費者改變消費習慣，以及節日與傳統被企業的私心給「劫持」，都覺得很吃驚。

因為**情人節原本的傳統，是情侶之間互訴愛意**（例如寫詩）。

而現在呢？這些愛意已經完全物質化了。我們身為西方社會的一分子，眼見廣告排山倒海而來，催我們買禮物給心愛的人，像是巧克力、鮮花、花俏的卡片之類的東西。

當然，同樣的精品一週前賣二十五美元，但在情人節前夕的價格是兩到三倍，因為它現在已經升級成情人節精品了（講得好像很神聖一樣，這樣就有理由漲價）。

有些人會告訴自己：「我才不要湊熱鬧！我每天都很愛我另一半，而且我會利用各種機會、以各種方式表達愛意，例如偶爾買禮物送他。但我不想盲從別人——買定價太高的禮物，卻沒有任何理由！」那麼該拿這些人怎麼辦呢？

哎呀，這就是廣告產業大展身手的地方。他們運用了一個非常有效的說服手段：**同儕壓力**。

你會連續好幾天、好幾週，從各種管道聽到一個訊息：假如你愛一個人，就必須買禮物送他。

大型廣告看板向我們推薦商品，新聞主播與節目主持人互問：「你之前情人節是怎麼追到男（女）朋友的？」至於電視頻道與電影院，則用浪漫電影與節目淹沒我們。

假如這種「攻勢」無法說服你買禮物送對方，那就表示你是單身，或你沒有電視、手機或電腦。

有些居心叵測的人（例如奪走神聖情人節的花店與巧克力製造商）會營造特定現實，讓別人信以為真。我每次看到這種情況都覺得很好笑（好啦、好啦，有時候連我自己也會中招）。

顯然大家真的很愛慶祝——任何事情與機會都可以慶祝，所以他們只是找理由買東西而已。而且同儕壓力鐵定有在其中作祟。

兩間餐廳：一間坐滿，另一間沒人。你選哪家？

二〇一四年四月，我人在希臘，帶著老婆去吃晚餐。我們抵達目的地，看到兩間餐廳相連在一起，就爭說到底要吃哪一家。

其中一間坐滿客人，外面排著好長的隊伍，接待員忙著安排客人進餐廳；另一間卻幾乎沒有客人。而我們已經快餓扁了。

我們遇到一個兩難：到底該去哪一家餐廳？沒客人那一間應該會很歡迎我們，幾分鐘內就可以上菜。至於坐滿客人那間，我們就必須在外頭等十五分鐘，「求」接待員讓我們進去（「大發慈悲」讓我們進餐廳消費？）；進餐廳後還要等好久，服務生才會來幫我們點菜，然後還要等上菜。

我們有點想去那間沒客人的餐廳。我們實在很餓，有充分的理由選擇上菜最快的餐廳。

但就在此時，某個既簡單又出色的市場原則發揮了作用。這個原則我教過學生、聽眾與客戶，叫做**社會證據**。

這個原則的意思是，假如我們周遭許多人都有某種想法，那麼我們也會有同樣的想法。

當我們看到餐廳坐滿客人、外頭大排長龍，我們下意識就會假設，如果這間餐廳生意這麼好，那就一定是好餐廳，值得排隊等待。

當我們看到餐廳沒有客人，就會假設它不是好餐廳。雖然這個邏輯漏洞百出（畢竟是出於下意識，我只是特別點醒你），但我們每天都靠它做出事業、消費與行銷方面的決策。

所以，我跟太太會怎麼做？走去坐滿客人的餐廳外面排隊。如果是你的話，應該也會這麼做吧？

你希望顧客喜歡你更勝於別人嗎？你希望顧客談論你比談論別人多嗎？

那你就**要替自己與事業創造一些社會證據**。

什麼方式最能夠讓別人掏錢給你？

二〇一二年十一月，我在巴塞隆納替商務人士舉辦研討會。之前我跟一家大型旅遊公司的執行長聊過（他有幫我宣傳研討會），他揭曉了一項驚人的資料：人在訂機票與旅館的時候，對價格總是斤斤計較，好像攸關性命一樣。其他網站或旅行社甚至只要開出便宜十美元的價格，就可以把客人搶走。

但同樣的這群人在逛機場免稅店時，計畫外的開銷遠超過他們省下的旅費。

他舉了一個極端的例子，而且他跟他的員工每天都會遇到：大家坐飛機到倫敦時，通常都會降落在倫敦最主要的希斯洛機場（Heathrow）。但有些旅行社會提供包機到另一個較小的機場——盧頓機場（Luton）。降落在盧頓的機票，比降落在希斯洛便宜一百美元。

然而事情沒那麼簡單。盧頓是離倫敦非常遠的小鎮。因此當你離開機場，想去倫敦市中心，白天最便宜的計程車也要一百英鎊（比一百美元大很多，按：一英鎊約合新臺幣三十八元）。

雖然提供希斯洛機票的旅行社再三解釋這件事，但還是有許多顧客跑去其他旅行社，訂那張便宜一百美元的機票；可是當他們抵達倫敦時，花的錢早已超過自己省下的一百美元。

這種行為不合邏輯，因此問題在於：為什麼？為什麼這些人要跟自己的錢過不去？

答案揭曉：

訂機票對他們來說只是一件該辦的事，但等到他們在英國降落之後，就不是在辦事情，而是在度假。

根據許多研究顯示，**人在擺脫日常生活的期間會花更多錢**。

當人們在家裡或公司打電話給旅行社時，他們會計算、規畫自己的行動，並記得所有的日常工作與開銷；這就是為什麼他們會計較每一分錢，也比較不會出現計畫外開銷或超出預算的情況。

可是一旦擺脫日常生活，他們就會覺得比較自由、放鬆；他們會很愉快、樂觀、大方、親切。此時他們會準備花掉一大筆錢，而不像平常時這麼的顧忌銀行存款。

想想看：你什麼時候會有上述這種感覺？就是你擺脫日常生活的時候——在國內或國外度假；出席講座或大會；參加派對或研討會；去賭場玩、搭船旅行或遠足踏青。

因此，**如果你想盡可能透過顧客增加收入，就帶他們離開日常生活吧！**或至少讓他們覺得自己擺脫了日常生活。

帶他們離開辦公室、工作環境或家裡，邀請他們到你的辦公室或其他感覺「中立」的場所。事先準備會面、簡報與講座，創造一種相談甚歡的氣氛──食物、標示牌、教材、座位安排都面面俱到。脫離平時環境的顧客，比較願意做出改變，並且花更多錢。

你怎麼知道女兒有沒有懷孕？

告訴你一個驚人的真實故事：二〇一三年六月，美國的明尼蘇達州有一位先生，在自家信箱發現了嬰兒用品的折價券。這讓他很困惑，因為他女兒才十五歲，還在上高中。於是他來到寄折價券的那間連鎖超市位於當地的分店，向店長抱怨這件事。可是幾天後，他才發現女兒真的懷孕了！

當地的超市怎麼比所有人（包括父母）還早知道他女兒懷孕了？

因為這間美國連鎖超市有發行會員卡與信用卡。它利用這些卡片，蒐集與顧客購物習慣相關的大量資訊，再替每位顧客打造一張「身分證」。接著它分析這些習慣並予以強化，或創造新的習慣；換句話說，它想讓顧客購買更多東西。

這整個驚人的流程，幾乎都是用電腦程式自動運作的！

以這位先生的女兒為例，連鎖超市已經發現她購買過的產品，一般都是懷孕婦女在買的（營養品、無香味保濕霜等）。由於準爸媽或年輕父母的消費遠比一般顧客還多，於是超市就搶先其他同業，寄了懷孕婦女適用的折價券給這位先生的女兒。

換言之，超市基於她的購物習慣，比她父母更早知道她懷孕了。

沒錯，「老大哥」（按：Big Brother，象徵極權統治及其對公民無處不在的監控）不只是電視上的虛構人物；他對於消費者而言是無所不在的。容我再向你揭曉一個「祕密」：你覺得大型連鎖店或其他企業（超市、食品店、服飾店、航空公司、旅行社等）為什麼要發會員卡跟信用卡給你？

多數人會立刻回答（連想都懶得想）：「它希望我們在無意間消費更多金額。」（當你多了一張信用卡，信用額度會因此增加）這完全正確，但最主要的理由我剛剛暗示過了，就是它希望**了解你的購物習慣**，所以下次它推銷給你的東西，就是為你量身打造的。

比方說，你在假日前夕收到琳瑯滿目的超市商品目錄，裡頭列舉的商品都跟假日有關。

那你知道嗎？有時候，每位顧客所收到的商品目錄都不一樣！

假如這間超市知道你一定會買玉米片但不買牛奶（或許你是在雜貨店買牛奶的），那麼你的商品目錄就會附上牛奶的折價券！如此一來，除了平常會買的東西外，你也會跟超市買牛奶。這真是既天才又準確的經典行銷範例！

所以，除了學會判斷你女兒是否懷孕外，你還能從這個故事學到什麼？

千萬別對所有顧客推銷所有的產品與服務。

你要根據顧客對你的公司的購買與消費習慣，將他們分門別類（並盡可能精準），再向每位顧客推銷**他們喜歡的東西**。

如此一來，你就能大幅提升你的轉換率與收入！

這種方法也常被用在你身上：連鎖超市、連鎖服飾店、航空公司、旅行社，都有巧妙的方式讓你覺得自己很特別；你會覺得他們做這些事，是為了讓你的購物體驗更輕鬆，並幫助你省錢。

因此，現在該輪到你做莊了：請同樣提供這種層次的價值與精準度給你的顧客。最後他們會感謝你，而你的銀行存款也會增加。

猶太富人的經典語錄

「當你了解客戶的需求後，你必須樂於思考如何讓產品更貼近客戶並幫助他們。」

——比爾．蓋茲，微軟公司創辦人，猶太人

第7章

行銷文案第一守則：「像在說話一樣」

每隔幾年就會出現各種研究，檢視哪些字眼對我們的影響最深。哪些字眼使我們更專心聆聽對方、買更多東西、出席更多活動、更常投票、更暢所欲言呢？

令大家願意聽你說話、讀你文章的關鍵字是？

二〇一四年，注意力指數列表（Attention Index List）排名第一的字眼是「祕密」（secret）。

例如：「我要告訴你一個祕密」、「×××的祕密揭曉」、「讓你成功／賺更多錢／戀情更美滿的祕訣」。

為什麼大家這麼愛聽祕密？

因為時至今日，我們全都有一種「有件事我們必須知道，卻還不知道」的感覺（這是經過研究與調查佐證的）。

我們對特定領域很有自信，覺得自己很強、很專業，似乎知曉所有的祕密。

但對某些領域，我們會需要別人的建議來推我們一把。

以戀愛關係為例：「我跟另一半的關係還算不錯，但我們偶爾會遇到一對夫妻，他們在一起二十年了還是會牽手，而且好像全心全意的愛著彼此。他們有什麼祕訣？」

或者，自我管理：「我基本上挺能管理時間的，既專心又有效率。可是坐我隔壁的同事，花的時間比我少，完成的事卻比我多。她是怎麼辦到的？她有什麼祕訣？」

或者，事業與財務：「我賺了很多錢，但有個傢伙賺得比我還多。他看起來總是很快樂、事業似乎一帆風順。他是怎麼不費吹灰之力就達到如此成果的？他有什麼祕訣？」

這個世代的人，幾乎不會有人這麼想：「我的生活很圓滿，沒有任何必須精進的領域了。」

就算有些人覺得自己很完美，他們生在這個競爭、數位、市場導向的時代，也一定會收到大量的訊息、看過大量的文章或廣告，提醒他們有事情還沒做、有地方還沒去過、有東西還沒到手。

我們總是想要「更多」（題外話，這個字眼的排名僅次於「祕密」！）。然而，為了要得到更多，我們就要知道能有效做到的祕訣。

你想讓大家更願意聽你說嗎？你想讓大家多跟你買一些東西嗎？那就把你的專業祕訣揭曉給他們吧！

我刻意不用「傳授」這個字，而是用「揭曉」，因為**揭曉**（這個字也有上榜）會令人立刻聯想到**祕密**，而**傳授**會令人聯想到**學校**——試問有誰還會想回學校念書？

請將你專業領域內的事告訴不知情的對方；強調他們能從你的產品或服務得到什麼好處；解釋若跟你合作會如何得到「更多」——改善他們的生活品質、增加他們的收入、完全發揮他們本身與其員工的潛力等。

全世界最忙的美國總統會親自關心粉絲？

很多人覺得美國前總統歐巴馬（Barack Obama，七八％猶太人投他，可見他多了解猶太人）的人氣這麼高，是因為他很擅長公眾演說。不過他任內的高人氣（以及他能順利連任的原因），有很大的部分要歸功於他巧妙的運用通訊錄與病毒式行銷。

沒錯，即使歐巴馬在全世界有數百萬名追隨者，他還是會親自關心自己的線上粉絲團。講得更精確一點，是看起來像親自關心（研究顯示，粉絲或顧客其實分不出差別）。

我怎麼知道的？

因為，在二〇一〇至二〇一四年，我被列入歐巴馬的電郵通訊錄（不只是因為我投給他，也是因為我想跟他學習），而他在網路上的諸多作為，也令我大受啟發。

二〇一二年，我收到一封歐巴馬的電郵（此時他正在為競選連任造勢）。

歐巴馬寫道：

「嗨，大家好，你們過得如何？我最近真的是忙翻了。我跑遍各地，見了很多人……。」

換句話說，「他本人」告訴我們他最近在幹麼，好像他是我們的朋友，坐在客廳抱怨他工作有多辛苦。大家都很喜歡這樣，主要是因為他們很喜歡聽自己不知道的事。

「下禮拜我們要去拜訪維吉尼亞州的朋友……。」

其實這是頗負盛名的募款活動，每人要繳一千美元，但歐巴馬完全沒提到錢，講得好像他只是跟朋友去玩一樣。況且他的數百萬名粉絲當中，只有幾萬人住在維吉尼亞州，可是他堅持把這次會面告知所有粉絲。讓我們繼續看下去。

「蜜雪兒（按：前第一夫人，歐巴馬的太太）與我都很希望見到你們。」

這個活動會有數百或數千人參加。其中幾乎沒有人能跟歐巴馬說到話，甚至無法靠近講臺。可是歐巴馬講得好像每位客人都能跟他聊上半小時似的。

這封信的結尾處，最令我記憶猶新的句子是：

「一定會很好玩的！」

你懂了嗎？堂堂一位美國總統、自由世界的領袖，寫了一封信給自己的選民，而且內容居然是：「來啦！一定會很好玩的！」

我可以更深入分析這種手法，但重點在於：「歐巴馬貴為總統，都能跟選民這麼**親密的互動**，難道你就不能親自關心（或「看起來」親自關心）一下周遭的人嗎？」

你當然可以。

為什麼明知電影結局會怎麼演，卻還是跑去看？

你在看愛情片的時候（尤其是好萊塢的「老梗」片），應該很快就猜到結局了吧？

以《當哈利遇上莎莉》（*When Harry Met Sally*，史上最傑出的浪漫喜劇之一）

為例好了。一男一女分別處於不同的人生階段，遇見彼此，觀眾可以感受到他們之間的曖昧情愫。先是男主角交女友，後來又換女主角交男友，總之兩人好像無論如何都不來電。

我想你應該很清楚，結局一定是戀情開花結果，他們成為神仙眷侶、過著幸福快樂的日子。沒錯，我們電影看到一半就能猜到後續發展了。

我再舉一個例子：戰爭片與動作片。例如《洛基》（*Rocky*）、《藍波》（*Rambo*）、《浴血任務》（*The Expendables*）、《星際大戰》（*Star Wars*）等。

我們看這些片子的時候，早就知道結局一定是「好人」獲勝。藍波率領戰俘從越南叢林歸來，路克．天行者贏了達斯．維達。

我們當然知道。

那為什麼我們要看完整部片子？

因為我們**要享受過程**。我們對結局很好奇，但邁向結局的過程也很有意思。一個好的編劇、作家或主持人，會很注重說故事的方式，因為對於聽眾、讀者或瀏覽網站文章的人來說，過程就跟結局一樣重要。

當你說故事的時候（工作會議、事業簡報，甚至跟朋友聊天時），小細節才是最重要的，因為故事就是由它們所構成。然而基於某些理由，大家很喜歡跳過細節，直接講結局。

但這樣對聽眾來說就不有趣了，更糟糕的是沒有說服力！

幾年前，某間寄宿學校的兩位校長來找我諮詢。他們來到我的辦公室，其中一位便立刻跟我說：「你就別問我昨晚發生什麼事了。我們有個男學生半夜醉醺醺的回來，大吵大鬧，把每個人都吵醒了，我們花了好長一段時間，才讓他冷靜下來。」

而在諮詢期間，另一位校長重複了同一段故事，但說法完全不同：「今天凌晨兩點，我們突然聽見高年級宿舍有人在大叫。我們跑上樓，看見有一位男學生剛從鎮上回來。他喝醉了，還把室友都吵醒（一間睡四個人），猛飆髒話、亂丟東西，根本不知道自己身在何處，拉都拉不住。最後我們只好把他拖到戶外，而他在走廊上一直尖叫、罵髒話，把整層樓的人都吵醒了。門被猛力打開，光線透進走廊，每個人都從房間探出頭來，看看到底發生了什麼事。我們把他帶到花園，結果他吐在草坪上。他渾身發抖，我們就替他蓋了一件毯子。半小時後，我們帶他回房間，讓他躺在床上，而我們坐在他旁邊，直到他睡著為止。」

同一個故事，兩種說法。現在請你問自己：

哪個說法比較清楚、好懂？

哪個說法使你更能投入情感、辨別這個故事當中的角色？

哪個說法會促使你採取行動（例如捐款給這間寄宿學校）？

哪個說法聽起來比較有趣？

顯然是第二種說法。為什麼？因為第二位校長**沒有放過任何細節**。

第二種說法使我們可以真正想像那個場面，即使我們從未經營過寄宿學校。

有說服力的人很會說故事，他們知道怎麼用有趣、忠實呈現的方式來表達一件事。

所以當你跟別人說故事，或者向別人表達想法時，請不要跳過細節，也不要節省時間。請大方分享資訊，強調小細節（而非講到旁的枝節），這樣對方就會更了解你的訊息。

我怎麼幫大兒子挑選保母？

二〇〇九年，我的大兒子諾安只有幾個月大。我跟太太決定幫他找一個保母，於是就著手面談適合的人選。我們透過網路找人，也問過鄰居的意見，甚至還僱用了人力仲介。

諾安是我們第一個孩子，所以我們非常緊張，也不完全曉得保母應該具備哪些條件。我們只好認真考慮每位前來面試的保母，而且不只看優點，也看缺點。我們面談了幾位保母，有些令我們印象深刻，有些就還好而已。結果我們還是拿不定主意。

然後，艾薇塔爾（Avital）登場了。

她的自我介紹與經驗分享都很吸引我們，而且她看起來很誠實、專業，但真正說服我們的，是她拿出的證據！

艾薇塔爾不像其他保母一樣空手前來，而是帶著一整疊裝訂整齊的文件。

這疊文件包括她過去執業十五年來，每個家庭幫她寫的推薦信，既溫馨又詳細；此外還有育兒課程與專業訓練的正式證書（例如嬰兒CPR課程）。這一切都令我們大開眼界。

有些保母也上過類似的課程，跟我們講過類似的事情。但只有艾薇塔爾拿出**社會證據**說服我們。

如果你說自己跟合作過的家庭處得很愉快，我們當然會覺得不錯；不過這是你的主觀評價，因為談論你適任與否的人，就是你自己。如果你秀出推薦信給我們看，證明自己適任，那就更專業、更有說服力；此時的評價就是客觀的。你可以說自己上過哪些課程，但如果你拿出正式證書，上面還有認證機構的商標，你就篤定錄取了。

你想說服顧客，令他們印象深刻嗎？那就拿出社會證據證明自己：

1. 推薦信、客戶名單。
2. 你與產品、聽眾的合照。

3. 你獲得的證書、學位與獎項。
4. 你跟名人、某領域專家的合照。

艾薇塔爾呈現給我們的社會證據，使我們相中她擔任大兒子（我們最珍惜的資產）的保母；而這種方法也能讓顧客相中你。

你給顧客的折扣，是要寫成百分比，還是精確的數字？

假設你要給顧客商品、服務或活動的折扣，如何表示折扣比較好？寫成百分比（例如：打八五折）？還是精確的數字（例如：省一百五十美元）？

這答案很複雜，世界各地都有關於這個主題的研究，因為它會大幅影響你的轉換率、收入與顧客對待你的態度（以及他們是否真的對折扣有感，而且會認真看待它）。

我讀過許多研究，並從自己多年來的經驗與客戶的經驗，歸納出一個重點：視情況而定。

視什麼情況？**產品或服務折扣之前的價格**。

如果價格較低（低於一百美元），折扣用百分比表示會好很多。

如果價格超過一百美元，折扣最好用精確的數字表示。

這個小知識多數人都不知道，但它會大幅影響你的收入。

哪一句話最能說服大家採取行動？

假設我想說服某人參加特定活動。這活動可能是商業大會、婚禮、政治造勢或演唱會——但重點不在這裡。

當然我可以（應該）告訴對方，他會獲得什麼價值、他去的話會得到什麼收穫、這場體驗會有多棒之類的。但我有更有效率的做法。

我可以說一句話，直接跟對方講好——因為他會知道自己非去不可。

這句話就是：「**我也會去喔！**」

如果我已經在活動會場，那就改成：「我也在這裡喔！」

這句話的魔力是什麼？真誠、可信！

也就是說，我不只慫恿對方做一件事，而且我自己也打算要參加這次活動，或使用這個產品或服務。換言之，對方看到我言行一致，就會相信我說的話。

最難說服的人就是自己。假如我自己沒有被這件東西說服，就很難將它推銷給別人。而且不管怎樣，如果我詳細介紹活動後，對方問我：「你有要去嗎？」而我回答「沒有」（不去的理由不重要，哪怕真的是好理由），那麼成功說服對方的機率就大幅降低了。

如果你都無法說服自己去參加那個活動了，那憑什麼對方會被你說服，也去冒這個險呢？

推銷產品與服務也是同樣的道理。我可以熱情介紹一個產品直到聲嘶力竭，但其實有一句話可以直接幫我談成生意：「**我也有在用這個產品！**」

這就是連鎖服飾店的員工，一定要穿店內服飾的原因。

請想像一下：你去一家零售店買衣服，然後店員穿的是別家連鎖店的衣服（因為她喜歡這間店的衣服，也有權利去跟它買），你會購買她推銷給你的衣服嗎？根據研究顯示——不太可能。

所以囉，假如你希望對方真心相信你說的話，並且注意到價值與好處，那就設法讓對方知道，你的實際作為跟你所說的話是一致的！

行銷文案的頭號問題是什麼？

本章的主題是行銷文案，因此我想提一下「寫作障礙」（writer's block）——許多人在撰寫內容的時候，都會遇到這個問題。

不只是寫書，部落格、網站或小冊子上的行銷內容、學術論文、報章雜誌上的文章、專業指南，都有同樣的情形。寫的人通常會卡住，忘記要用哪些字。最好的情況是（假如他們有寫出東西的話），他們花了很長一段時間才重新出發；最糟的情況是，這樣的經驗會讓他們受挫，未來就再也不寫作了。

基於我多年來替客戶處理寫作障礙的經驗，我發現造成寫作障礙的頭號元兇，就是大家想得太複雜了！

人們每天都使用簡單的語言，藉由非常清楚、條理分明的方式來講課或提供建議。可是當他們想把資訊寫出來的時候，就突然自以為是哈蘭．科本（Harlan Coben，懸疑驚悚小說家）或約翰．葛里遜（John Grisham，法律驚悚小說家）之類的國際知名作家，然後用咬文嚼字的「文學」風格來寫作。

那有什麼方法能夠快速、有效的撰寫行銷文案？

我覺得把行銷文案寫好的第一守則是——**把它寫成像在說話一樣！**

在寫東西的時候，請想像有人跟你談論這個主題，然後把你會說的話照著寫下來。

此外，我也建議講師替自己錄音，再把錄音抄寫成文字。這樣他們就會有現成的行銷文案了。

假如我說：「以這個故事為例……」，那我寫的文案就是長這樣！

假如我寫得很咬文嚼字：「讓我們檢視這個案例，它闡述了……」，讀者就會覺得很不耐煩，因為沒有人這樣講話！

所以，請使用簡單的語言，照著日常生活的說話方式來寫作吧！

猶太富人的經典語錄

「不會說故事，就別做銷售。」

——猶太諺語

第8章

提供實用建議，讓客戶自動幫你打口碑

最近幾年我研究了許多迷人的主題，其中一個就是病毒式行銷（或稱為口碑行銷）。

換句話說，就是讓越多人盡可能多談論你，並成為你的「大使」——相信替你宣傳就是符合自己的最大利益；而且你要以最少的成本與心力來辦到這一點。

這個主題很大、很吸引人，我在各項活動中也有傳授它。病毒式行銷最重要的法則之一是：

如果關於你的資訊，能夠替大使本人塑造出風趣、見多識廣、才華橫溢的形象，那麼大家就會談論你，並跟朋友提到你。換句話說，他們談論你時不只是在行銷你，也是（而且主要是）在**強化他們自己的形象**。因此，他們宣揚自己的時候，你就能享受到免費的行銷，以及因你而生的熱門話題。

為什麼父母對小孩的成就感到驕傲？

為了說明這一點，我舉一個大家都很熟悉的例子：父母談到孩子的成就時，總是與有榮焉。

請想像以下情境：一位驕傲的母親正在跟鄰居聊天。她說：「我的兒子剛以優異的成績從法學院畢業，接下來要去國內知名的法律事務所上班。」

附帶一提，我們的小孩一定都是「優良學生」、「天賦異稟」、「傑出人才」。當然，不是只有我們當爸媽的會這樣講；孩子的老師、教練或幼兒園其他媽媽也這麼說。再怎麼說，我們都是以客觀的角度來看待孩子，對吧？

而上述這位母親，其實是在行銷自己的兒子：她語帶驕傲的談論他、強化他的形象，向別人訴說他的成就。

問題在於：為什麼？

她的鄰居不是法律團體的成員，不可能幫她兒子找工作，或以其他形式幫助他。況且，這位兒子也沒有參與對話；他完全不知道媽媽正在談論他，因此也不會感謝她幫自己「打廣告」。

那為什麼這位母親覺得她必須談論兒子？因為談論他就是在談論自己！

就算她完全沒參與兒子的學業，但兒子在所屬領域內獲致成功，對她自己與鄰居的潛意識而言是有意義的。這等於證明她是一位好母親，能幫助兒子精進學業、順利畢業、職涯前途無量（學費甚至是她出的！）。因此兒子成功，就等於是母親成功。

你希望顧客談論你嗎（而且當然只說好話）？即使你不在他們身旁，或你不知道他們在幫你打廣告？

那你就要**讓顧客提到你的時候，覺得自己很特別**。

你該怎麼辦到這件事？這就是本章的主題。

世界頂尖大學不想讓你知道的事

二〇〇四年，我的一位朋友申請美國某大學的ＭＢＡ（按：企業管理碩士）獲准，這間大學是高等教育領域的名校之一。課程費用很貴，而且要念兩年，期間學生不得從事任何工作（其實也不太可能工作，因為課業太繁重了）。

註冊這個課程的學生，都希望兩年後回職場可以升上更好的職位，賺取比市場平均值更高的薪水，這樣就能「補償」兩年不工作及高學費的窘境。此外，他們一旦擁有高薪，就能償還用來支付昂貴學費與兩年間生活開銷的巨額貸款（而每一筆貸款，有部分會由錄取你的美國學術機構提供補助）。

我朋友獲准之後非常開心。不過為求慎重起見，他還是想查一下：有沒有人借了一大筆錢修這個課程（期望兩年後能找到更高薪的好工作——這就是那些常春藤盟校做出的「就業保證」），畢業後卻無法立刻找到好工作？如果是這樣，那麼這個人將會被貸款「套牢」，因為他沒有償還的方法。

我朋友年僅二十七歲就要背負這麼大筆的貸款，當然想請教上述這種人：會遇到什麼困難？最糟的情況是什麼？他們應該不會一味的稱讚校方與其提供的學位才是。

可是他四處尋覓，卻找不到這種人。

不是因為這種人不存在，而是因為**頂尖大學不會刻意「揭穿」他們**。換言之，在開始修課前的所有會談，我朋友只遇過傑出的學生、成功的校友與大型國際企業的執行長；他們都是從這間學校畢業，然後回學校跟學生對談，提供他們指引與啟發。

為什麼這些學術機構要這麼做？其實這是**他們的行銷策略，叫做「勝利組偏誤」**（winner's bias）。這個概念很龐大，在此我先將其簡化。為了說服你註冊美國的MBA、貸款一大筆錢支付高額學費，並且舉家遷到美國住個幾年（假如你不是美國人），這些大學會怎麼做？

它會向你推銷「成功的形象」，許諾你有極高的機率能獲得成功，而不必冒風險；否則有哪個理性的人在計算過成本效益後，還會採取這麼危險的一步？因此大學只秀出已經成功的人，並且把不成功的人「藏」起來（其實這些人通常是自己躲起來，因為他們覺得丟臉、不開心）。

幾乎所有領域都將這個策略用在你（消費者）身上，不過這次輪到你利用它了。換言之，你應該強調自己的「勝利組顧客」，亦即那些使用了你的產品或服務後，得到可觀價值與利益的人。

活動攝影師、企業顧問與足球裁判有什麼共同點？

活動攝影師、企業顧問與足球裁判有什麼共同點？

答案是：**你在活動期間，不會注意到他們。**

好的活動攝影師是拍出最佳照片的專家，這些真實、有意義的照片會囊括所有參與活動的人，但他不會喧賓奪主、不會成為人群中的焦點，也不會成為活動當中惱人的存在。我在大會演講時一直被拍照，可是當我站在講臺上，卻從來沒感覺到攝影師與相機的存在！只有到了大會結束之後，我才會看到自己所有角度的照片，可是我完全沒注意到拍我的攝影師！

好的裁判可以跑完整場比賽，但是整場比賽都沒人注意他、談論他或提到他的名字。球員才是焦點，觀眾是來欣賞他們的，而且他們也是攝影機應該聚焦的明星。身為運動賽事迷，假如我看完整場九十分鐘的足球賽，而沒有想到裁判、在電視上看到他們，或是聽到球評談論他們，表示他們的裁判當得很稱職。

但假如你一直看到裁判，或是球評一直提到他們，這表示他們干涉太多，破壞了比賽的正常節奏。事實上，這甚至會演變成「裁判醜聞」，成為大家茶餘飯後的話題。

那麼企業顧問呢？這種概念要怎麼套用在企業顧問上？

我認為好的顧問在提供諮詢時，不應該引起客戶的注意。換言之，好的顧問不應該讓客戶太依賴他。企業顧問的工作就是教客戶「怎麼釣魚」，而不是給他們魚吃。因此，好的企業顧問應該要提供長期的策略——管理、行銷、財務手段等——這樣就算之後顧問沒有參與或不在場，客戶也會知道該怎麼運用這些商業手法。

有好幾次客戶都邀我去參加他們的商務會議，指點他們該說什麼或寫什麼。我的直覺認為應該要這麼做，而且有時候還真的去了，因為客戶很堅持，或這對他們來說真的很重要。

但與我的直覺相反，我了解客戶不應該只是照抄我的說法，我教他們寫的東西也很重要；不過最關鍵的是，他們要親自理解行銷原則（行銷自己、產品與服務）背後的邏輯與思維，這樣他們才能夠在客戶與聽眾面前自立自強。

如果客戶的每次舉措、對話或交易都需要你，對你的短期（以及對你初期的財務）來說或許是最有利的。然而長期之下對你最有利的做法，就是教導客戶在特定的事業脈絡中自力更生，並向他們揭曉必要舉措的祕訣。如果你照著這個方法做，他們每次有動作時就會想到你，並且成為你的忠實「大使」。

更棒的是，這些客戶必定會回來找你……而且這是出於他們的選擇，並非他們迫不得已。

關於你的事情當中，哪件事你一定要讓談話對象知道？

你在活動中（管它是商業、專業還是個人活動）遇到客戶、同行、供應商或陌生人，於是你想拓展人脈。

你跟對方談了一分鐘、兩分鐘、十分鐘，或甚至不到一分鐘。

對於這種會談，有一個很重要的問題要思考：關於你的事情當中，哪件事你一定要讓談話對象知道？

我對研討會聽眾提出這個問題時，得到了各種回應，例如：「我從事什麼工作。」、「我在談什麼生意。」、「我賣哪些產品或服務。」、「如果你們跟我買，會得到什麼好處。」、「跟我合作會有什麼收穫。」

這些答案都不錯，方向也完全正確。可是依我來看，最精確的答案是：你們（你的談話對象）**可以把我介紹給哪些人**。

假如我們詢問自己身邊親近的人，或是認識我們、與我們有聯絡的人：「你知道我確切的工作內容嗎？」他們通常會回答：「我不知道。」或者，他們會大概知道我們的職業，例如「你是在搞高科技或不動產之類的」、「你有一間工廠」、「你剛申請到某個東西的專利」。

假設顧客購買你的產品或服務之後，非常開心，對你讚不絕口。說不定他們還會再度上門買更多（顯然上次沒買夠）。

可是，他們從來不會把你介紹給其他人。

這表示他們根本不知道你確切的工作內容。

他們可能有個粗略的概念，對你的某些事務很熟悉，甚至聽過你的其他產品與服務。但實際上，他們不知道要把你介紹給誰，也不知道什麼時候該介紹，或是怎麼介紹。

這對你來說是壞消息。因為這表示在此時此刻，有許多人喜愛你、為你著想；也有付費顧客跟你相處愉快：他們本來能夠主動當你的「大使」，多談論你一點或介紹工作給你，但他們沒有這麼做。

這也表示你錯過許多銷售產品與服務的機會。如果你運用以下這些「無形資產」，應該會更加成功（無論是個人或事業層面）：

1. 你的顧客。
2. 你的名聲。
3. 你的社群。

你可以將它們化為「有形」的金融資產。

我從二〇〇三年以來合作過的對象，包括數百間公司和組織，以及數千名創業家和自由工作者，這些經驗讓我得到一個結論：人所遇到的最大挑戰之一（或沒有「之一」），就是如何把顧客的好評化為收入。

就算是備受尊崇的專業人士或提供一流服務的「內容專家」，都難以理解好評與實際收入之間的差距。這是因為他們沒有善用上述的無形資產，並且將它們實體化。

小朋友最喜歡兒童話劇的哪一段？

幾年前，我跟大兒子諾安前往住家附近的商場，欣賞兒童話劇《阿拉丁》（*Aladdin*）。

在此先介紹一下《阿拉丁》的故事（小時候聽過的人，到現在應該都已經忘了吧？）：

阿拉丁拿著神燈走出洞穴，在神燈精靈的幫助之下實現了願望。他變成王子，娶了公主，小倆口看似要在皇宮內過著幸福快樂的日子。此時嫉妒阿拉丁的邪惡巫師，打算偷走神燈。

有一天，巫師喬裝成窮苦的老人，來到阿拉丁家裡，想用新燈換阿拉丁的舊燈。公主不知道神燈的事情，於是同意換燈，結果邪惡巫師拿回神燈之後，就把阿拉丁變回窮小子。

故事就是這樣，現在讓我們回到話劇吧。巫師試圖說服公主給他舊燈（雖然他扮成窮人，但連小觀眾們都知道他的真實身分），而公主突然轉向觀眾問道：「小朋友，你們覺得我應該把燈給他嗎？」

小朋友先是嚇了一跳，然後瞬間入戲，大叫道：「不要！不要給他！」

公主與巫師無視小朋友的勸阻，巫師甚至跟公主解釋：「他們其實是希望你給我那個燈！」

小朋友急著向公主尖叫：「不要給他啦！」

公主與巫師就這樣反覆演了好幾回。每次公主都「無辜」的問小朋友：「所以你們希望我把燈給他？」然後小朋友就瘋狂尖叫道：「不要！」坐我旁邊的一位三歲小弟弟甚至還翻臉了（他好認真），拚命尖叫道：「不要把燈給他！他想統治全世界！」他的模樣真把我給逗樂了。

重點在哪裡？

整部戲小朋友最愛的就是這一段。

戲演完之後，我聽到小朋友跟爸媽聊天，他們印象最深刻的就是這一段。

為什麼？因為**他們有參與**。他們在這段當中扮演了活躍的角色（至少他們是這麼想的），因此這樣的經驗對他們來說是最強烈的。

這也是我從好幾年前就在教客戶的事：

你希望聽眾開心嗎？你希望他們談論你嗎？那就**別只傳授知識給他們，而是給他們一場體驗**。

給他們機會參與其中，並覺得自己是活躍的。

有很多方式可以辦到這一點，包括模擬情境、案例說明、展示、問與答、表達幽默感等。

但重點在於，聽眾必須**覺得自己是講座或簡報的一部分！**

只要激發你的顧客參與，他們就更有機會跟你談成生意與談論你。

成功人士隱藏了什麼事？

在如今個人品牌當道的時代，無論大公司還是中小企業，都得讓老闆、執行長、高階主管親自面對顧客，並將他們塑造成該領域的專家。而這些公司最常犯的錯誤，就是把老闆、執行長、高階主管塑造成超人或女超人。

也就是說，這些公司把老闆、執行長、高階主管形容成「天才」、「奇才」、「領域內傑出人士」、「天生神力」、「天賦異稟」。短期內這算是很棒的操作，媒體也很喜歡這樣的頭條，然而以長期的行銷角度來說，這樣是有害的。

雖然有些人很尊敬這樣的專家，但多數顧客其實對他們沒有共鳴，也認不出他們是誰，或該公司的產品與服務是什麼。

為什麼？假如專家是超人或女超人，具有顧客所沒有（而且永遠都不會有）的超能力，那麼顧客就可以說：「喔，怪不得他會成功，因為他有天分麼。」

即使顧客很難說清楚「天分」是什麼，當他跟這位超人或女超人比較的時候，就會覺得自己比不上他們，也就因此打消想改善現狀的念頭了。

我的主張是，如果你想把自己正確塑造成專家、高品質產品與服務的提供者，你就要把自己塑造成蝙蝠俠──換言之，你應該把自己塑造成普通人；跟你的顧客一樣，你不是因為神授的天賦或超能力而獲致成功，而是因為你勤奮、堅持不懈、磨練基本功、總是採取主動、樂觀進取、任勞任怨。

正如我們在媒體訪問中看到的那樣，成功的人傾向於強調自己的天賦，並隱藏自己後天所獲得的特質──也就是不屈不撓、勤奮、任勞任怨與精益求精。

結果顧客只看到他們成功的一面，於是心生嫉妒、抱持敵意、亂傳八卦、替自己找藉口，或者他們就只是很尊敬這些成功人士而已──可是這對長期的行銷來說並不好！

他們沒看到人家背後的「苦功」，可是成功人士一定下了很多苦功……。

幾年前我去倫敦參加一場大會，回家後發現我的前一本著作《說服並影響任何聽眾》，上了報紙週末版的暢銷榜。我收到許多恭賀訊息，也有很多人問我是怎麼辦到的。我承認這本書很棒（當然不是客觀意見），文筆風趣，吸引了廣泛的讀者；可是它之所以能上榜，並非我有寫作天分，而是枯燥乏味的前置作業有做好，例如：

1. 宣傳這本書的各種行銷動作。
2. 我在書店與其他平臺「打書」。

我花了一大筆錢僱用大型的專業團隊，還得分出大量的心力與時間來維持它的運作；可是這樣才能按部就班的宣傳這本書。

所以，最後我的書賣得很好——非常好。但沒有堅持、勤奮與主動，就不會成功。

如果顧客把你當成超人或女超人，而不是蝙蝠俠（普通人，努力強化自己的能力，因而達到不凡成就），他們就很難看透這一點。

因此，與你的直覺相反，在長期下你沒有理由等顧客崇拜你、認為你「超凡入聖」。如果顧客很推崇你，想要像你一樣（而且認為自己能夠辦到），你的行銷將會更加成功。

如何讓大家經常談到你、歸功於你？

二〇一四年二月，我在某場大會中替女性商務人士舉辦講座。大會結束後有一位聽眾走向我，說道：「我們不認識彼此，但你改變了我的人生！我想你應該不知道吧？」

我不會將這種話視為理所當然，於是我心生好奇，問說為什麼我改變了她的人生？怎麼改變的？

「我是講師，以前我每次講課都會嚴重怯場，令我六神無主、搞砸講座，之前準備再充足都沒用。

「幾年前，我在另一個論壇聽了你的講座，你有一句話深得我心。你說：『講座就只是對話而已——同時跟許多人對話。』這句話澈底改變了我對講座的看法。從此之後，每次我在講課之前感到緊張，或是背部感到一陣熱的時候，我就會深呼吸並提醒自己：『講座只是對話、講座只是對話……。』這一切都要感謝你！」

聽她這麼說，我當然很開心——這再次證明我傳遞的訊息是實用的，大家真的很需要它們，我的個人使命也算圓滿達成。可是我開心的理由不只這個。

我先前說過，近年來我研究的主題之一（我將它運用在自己的活動上，並將它傳授給客戶進行各種活動），就是病毒式口碑行銷。

換句話說，如何讓大家盡可能多想到你、談論你？如何以最少的心力與成本，讓他們成為你的「大使」？

那位女士的故事，就是病毒式行銷首要原則的經典範例。

如果你**提供對方實用的建議**，也就是他們能夠派上用場的實際手段，如此一來，**他們每次使用這個手段的時候都會想到你，並且（下意識）把他們的屢次成功歸功於你。**

有人曾問過威廉．巴克利（按：William Buckley，美國媒體人、作家、政治評論家）一個問題：「如果你到荒島上居住，你會帶哪一本書？」他回答：「（實用的）造船書。」

你想一下我剛剛那篇故事的轉折點。那位女士聽了我的講座（我每週都有上百位聽眾），而我一定講了上百句話、上百個建議（知道我講話多快的人，一定知道我講了多少句話）；可是只有一句話是她覺得非常**實用**的。她在恰當的時機聽到這句話，觸動了她的心，因此整場講座對她而言是值得的。從此以後，她的行為就改變了。

每次她在講課之前，深呼吸提醒自己「講座只是對話」的時候，會發生什麼事呢？

她會想到我（就算只是下意識想到，也已經足夠了）！

然後她歸功於我的建議！

其他講師請教她的時候，她就會提到我！

於是她就成為我的大使，而我甚至渾然不覺（我根本沒注意到她，更別說我對她的影響了）。

你希望顧客覺得你很專業、讓你的好名聲（而且不花你的錢）傳遍整個市場嗎？那就給他們能夠實際派上用場的寶貴建議吧。他們不但會感謝你，也會永遠記得你。

後記 測試自己：你有多想提升說服力？

你讀完這本書了嗎？那就來做個小測驗吧！

題目——測試你自己：你有多想提升自己的說服力？

以下是一份簡短的問卷。請從選項中選出最符合你的描述：

Q

當我看到有人（經理、講師、政治人物、業務員、單人喜劇演員、發言人、演講者）在聽眾面前妙語如珠，我會：

1. 我會饒富興味的觀察他，盡可能向他學習，希望有朝一日能夠在自己的領域，變得像他一樣。

2.我很嫉妒他，心裡很清楚自己不太可能達到這種境界。

3.他令我反感，我覺得他油腔滑調、花言巧語、只出一張嘴，令我心生敵意。就算打死我也不要像他這樣！

Q 說到改善我的公眾演說與說服技巧，我認為：

1.無論我在職場處於哪一個領域或層級，我永遠都有進步的空間。我必須向專業領域內的翹楚學習，因為他們親自實踐自己所傳授的事物。

2.我總是有小幅改善的空間，哪怕幅度不明顯。我永遠都無法達到講師與行銷人員的最高境界；不過我可以多下點工夫，更有效的展現我自己與我的事業。

3.我在這個領域完全沒有改善空間。天分不是人人都有。我不是歐巴馬或柯林頓；沒有天分，就注定是一個平凡的講者。

Q 我對於行銷自己、產品、服務與事業的基本態度是：

1. 我對行銷懂多少或我做了多少行銷，都不是重點。我永遠必須懂更多、做更多。我很清楚，人只要沒有持續精進自己與行銷手法，就會永遠處於落後狀態——無論他是員工還是老闆。

2. 我有稍微行銷一下自己，不過我現在宣傳自己的方式，與真正可以（應該）做到的境界有明顯的差距。

3. 一般來說，我的行銷態度是不出家門或公司，不跟別人聊太多我從事的工作，把心思全放在我的專業活動，並堅信顧客總有一天會自動上門。

你的總分

前三個問題中的第一點為一分，第二點為兩分，第三點為三分。將你選出的要點分數相加起來，看看總分是多少。

三～四分：

你是我心目中的理想客戶。如果我想去荒島居住，一定會帶你去。

你總是在學習與實踐，領會知識與實用手段，並且持續投入心力發展自己。

你已經鼓勵自己行動了。我能帶領你更上一層樓——無論是個人、事業或專業層次。

請造訪我的網站：www.drpersuasion.com。

並以電子信箱聯絡我：yaniv@yanivzaid.com。

五～七分：

你的想法限制了你，使你裹足不前——我是說你對公眾演說、行銷與遊說的想法。這些想法使你的專業能力得不到應有的收入與賞識。

我強烈建議你鼓勵自己行動，這樣你就會發現，你也能夠大幅改善自己、塑造自己的品牌，並且進一步增加收入。

請造訪我的網站：www.drpersuasion.com。

並以電子信箱聯絡我：yaniv@yanivzaid.com。

八～九分：

雖然很難以啟齒，但我還是要說：我們彼此不對盤。我沒辦法勉強你。

我全心相信你，但根據我的經驗，任何人都有改進的空間。行銷手法一直在變化，如果要提升自己，最簡單、有效、快速的方法，就是親自面對你的聽眾與顧客。

可惜的是，你顯然不信這一套……。

但假如你的朋友、夥伴、家人或同事的測驗結果是三至七分，那就請你將這種激勵自己的方式傳達給他們吧。

請他們造訪我的網站：www.drpersuasion.com。

並以電子信箱聯絡我：yaniv@yanivzaid.com。

致謝

我將本書獻給以下這些人：

我最棒的孩子諾安（Noam）與尤亞夫（Yoav），每天我都更愛他們一些，他們總是給我最大的啟發，讓我能做自己想做的事。

我最親愛的家人，他們總是支持我、給我力量，只希望我過得好；我人生的所有成就，多半都要歸功於他們。

我的朋友、客戶、同事、經紀人、出版社、供應商，以及最重要的——我的團隊。他們與我共處了這麼多年，陪我一起成長，也幫助我成長，對我的事業、專業與個人發展貢獻良多。

國家圖書館出版品預行編目（CIP）資料

猶太人的說服藝術：跟猶太人學說話，錢會順理成章流進你的
口袋／亞尼夫．柴德博士（Dr. Yaniv Zaid）著；廖桓偉譯.
--初版, -- 臺北市：大是文化，2020.01
192頁；14.8×21公分. --（Biz；317）
譯自：The Jewish Persuasion
ISBN 978-957-9654-51-7（平裝）

1. 說話藝術　2. 說服　3. 商業談判

192.32　108019180

Biz 317

猶太人的說服藝術

跟猶太人學說話，錢會順理成章流進你的口袋

作　　　者／亞尼夫・柴德博士（Dr. Yaniv Zaid）
譯　　　者／廖桓偉
責 任 編 輯／陳維岳
校 對 編 輯／江育瑄
美 術 編 輯／張皓婷
副 總 編 輯／顏惠君
總　編　輯／吳依瑋
發　行　人／徐仲秋
會　　　計／許鳳雪、陳榫娟
版 權 經 理／郝麗珍
行 銷 企 劃／徐千晴、周以婷
業 務 助 理／王德渝
業 務 專 員／馬絮盈、留婉茹
業 務 經 理／林裕安
總　經　理／陳絜吾

出　　　版／大是文化有限公司
臺北市100衡陽路7號8樓
編輯部電話：（02）23757911
讀 者 服 務／購書相關資訊請洽：（02）23757911　分機122
24小時讀者服務傳真：（02）23756999
讀者服務E-mail: haom@ms28.hinet.net
郵政劃撥帳號／19983366　戶名：大是文化有限公司

法 律 顧 問／永然聯合法律事務所
香 港 發 行／豐達出版發行有限公司"Rich Publishing & Distribution Ltd"
香港柴灣永泰道70號柴灣工業城第2期1805室
Unit 1805, Ph.2, Chai Wan Ind City, 70 Wing Tai Rd, Chai Wan, Hong Kong
電話：2172-6513　傳真：2172-4355
Email：cary@subseasy.com.hk

封 面 設 計／尚宜設計有限公司
內 頁 排 版／黃淑華
印　　　刷／緯峰印刷股份有限公司

2020年1月初版
ISBN 978-957-9654-51-7

Printed in Taiwan
定價／新臺幣340元
（缺頁或裝訂錯誤的書，請寄回更換）

Originally published in ISRAEL by Dr. Yaniv Zaid, www.drpersuasion.com, in 2016
Represented by Bestseller Books Publishing House, www.amitoffir.com
Chinese traditional language edition published in arrangement with Dr. Yaniv Zaid and Bestseller Books Publishing House through Beijing Tongzhou Culture Co., Ltd.